Mosaik bei
GOLDMANN

Buch

Oft haben Frauen beruflich die bessere Ausbildung, die größere Erfahrung und die höhere Kompetenz – und trotzdem werden Männer häufiger befördert, besser bezahlt, bei Auswahlverfahren bevorzugt behandelt. Warum? Weil über den Erfolg im Business nicht nur Erfahrung und Kompetenz entscheiden, sondern vor allem die berüchtigten Rituale und Netzwerke. Doch das bloße Kopieren männlichen Verhaltens ist nicht die Lösung. Frauen müssen ihre eigenen Business-Rituale und -Netzwerke schaffen.
Silke Foth deckt in diesem Buch die Hintergründe männlicher Verhaltensweisen, Kommunikationsstrategien und Machterhaltungsmittel auf und weist Wege, wie frau eigene Netzwerke initiiert, pflegt und ausbaut, um mit weiblichen Ritualen das herbeizuzaubern, was sie sich beruflich wünscht.

Autorin

Silke Foth studierte Pädagogik, Psychologie und Soziologie in München. Als Beraterin, Coach und Gesprächstherapeutin gewann sie reichhaltige Einblicke in die Rituale der Arbeitswelt. Sie machte es sich zur Aufgabe, weibliche Führungskräfte und Unternehmerinnen bei ihrem Erfolg zu begleiten.

www.silke-foth.de.

Silke Foth

Knacken Sie den Erfolgscode der Männer

So kommen Frauen weiter

Mosaik bei
GOLDMANN

»Dieses Buch erschien im Orell Füssli Verlag
unter dem Titel »Erfolgsrituale für Business-Hexen«.

FSC
Mix
Produktgruppe aus vorbildlich
bewirtschafteten Wäldern und
anderen kontrollierten Herkünften

Zert.-Nr. SGS-COC-1940
www.fsc.org

Verlagsgruppe Random House FSC-DEU-0100
Das für dieses Buch verwendete FSC-zertifizierte Papier *Munken Print*
liefert Arctic Paper Munkedals AB, Schweden.

1. Auflage
Vollständige Taschenbuchausgabe August 2006
Wilhelm Goldmann Verlag, München,
in der Verlagsgruppe Random House GmbH

Umschlaggestaltung: Design Team München
Umschlagmotiv: Getty Images/Lee
Satz: Uhl + Massopust, Aalen
Druck und Bindung: GGP Media GmbH, Pößneck
WR · Herstellung: Han
Printed in Germany
ISBN 10: 3-442-16790-6
ISBN 13: 978-3-442-16790-6

www.goldmann-verlag.de

Inhaltsverzeichnis

Vorwort 14

1. Die Macht des Rituals
Warum haben wir das vergessen? 19
Was Rituale sind und können. 20
Ritual und Religion 21

Teil I: Rituale der Stärke

2. Ladys' Network
Old Boys' Network. 24
Als Lady ins Old Boys' Network 24
Die Mafia ist ein Ferienklub. 27
Besuchen Sie Ihr eigenes Netzwerk 28
Networking 29
Die typischen Ausreden. 30
Werte-Arbeit 31
Punktuelle Männerallianzen. 32
Halten Sie sich ein Männer-Netzwerk 33
Ihre Vorteile als Frau. 34

3. Frauen brauchen Mentorinnen
Was Hans nützt, nützt Hanna nicht 37
Der Vaterkomplex 37
Vater sabotiert Tochter 38
Frauen brauchen Frauen 39

Warum viele Frauen den Papa brauchen 39
Die Mentorin von draußen 41
Auf jeden Fall Mentoring 41
Der Mann als Ersatzlösung 42
Der kleine Unterschied 43

4. Das Amazonen-Ritual
Es schafft Frauen, wenn sie es geschafft haben. 46
Verbiegen bringt nichts 47
Bleib bei deinem Stamm 48
Die Geschlechtertrennung. 49
Die praktischen Erfahrungen 50
Frauen erholen sich nur unter Frauen 52
Der Frauentisch 53
Stolze Amazonen 55

Teil II: Sprachrituale

5. Meeting-Rituale
Das Fußatmer-Ritual 58
Die rituelle Belohnung 59
Das Charme-Ritual 60
Der Transfer aus dem Privaten. 61
Frauen und Eigen-PR. 61
Frauen arbeiten, Männer lassen arbeiten 62
Wie wichtig sind Sie sich? 63
Das Betatier-Ritual 65
Empörung hilft nicht wirklich 66
Das Kalte-Schulter-Ritual 67
Was hinter Opferritualen steckt 69

6. Das Ja-aber-Ritual
Männer widersprechen Frauen. 71
Warum Frauen keine Anerkennung erhalten 71

Wissen schützt 73
So spielen Sie mit 74
Holen Sie sich Ihre Anerkennung 74
Widerspruch bei Delegation 75
Der Frust der Frau 76
Männer spielen mit Frauen 77
Eine Sache der Einstellung 79

7. Das Feedback-Ritual
Männer sind rituelle Angeber 81
Warum stellen Sie Ihr Licht unter den Scheffel? 82
Die richtigen Sätze im Hinterkopf 85
Ihr Erfolgstagebuch 85
Gehaltserhöhung gefällig? 86
Geben Sie ritualisiertes Feedback 87
Eigen-PR für Schüchterne 88
Das Wording 89

8. Das Nein-danke-Ritual
Allergisch auf Komplimente 90
Sagen Sie Danke! 91
Das Ritual für Fortgeschrittene 92

9. Das Mama-Ritual
Die Ritualsprache der Männer 94
Die Kosten der Unkenntnis 95
Frauen reden durch die Blume 96
Werden Sie kein Feldwebel! 96
Was die Mama sagt 97
Die Profiversion 99
Wenn mann Sie anpflaumt 99
Männer reden anders, Frauen auch 101
Sprechen Sie Männersprache? 102
Das 2-Ohren-Ritual 104
Fremdumgang ist Selbstumgang 105

10. Frauen aller Länder – gebt an!
Wenn Männer vom Leder ziehen 107
Das Angeber-Ritual 107
Spielen Sie regelgerecht. 108

Teil III: Ritual-Management

11. Rituale regeln Zugehörigkeit
Und ist es nicht Wahnsinn, so hat es doch System . 112
Das Ritual sagt, wer dazugehört und wer nicht 113
Wenn Rituale Geschichte machen 114
Rituale sind wie Landminen. 115

12. Rituale regeln die Rangordnung
Das Ritual sichert den Rang. 117
Chef-Rituale darf nur der Chef spielen 117
Das Machtparadoxon 118
Chef-Rituale für die Chefin 119
Das Delegationsritual. 121
Wer delegiert, wird anerkannt 122

13. Rituale regeln Loyalität
Verraten und verkauft 124
Das Ritual ist stärker als die Ehe 124
Ritualloyalität ist unsichtbar 125

14. Rituale regeln den Ausgleich
Die Gleichgewichtsfunktion von Ritualen 127
Das Übermutter-Ritual. 127
Wie frau undankbare Gören produziert 128
Nehmen ist so wichtig wie Geben. 129
Wie Nehmen geht 130
Die kurierte Übermutter 131

15. Frauen gehören nicht dazu
Rituale haben System! 134
Businessladys sind einsam 134
Das Zotenwitz-Ritual 135
Als Frau mit der Ausgrenzung leben 137
Hier gehören Sie dazu 139
Konkurrenz unter Frauen 140

16. Männer akzeptieren keine Chefin
Männerrituale, die Ihnen den Rang streitig machen 142
Das Rangritual «Ich bin der bessere Chef!» 143
Wie Frauen auf Rangrituale reagieren 143
Wer anerkannt werden will, muss das Unausgesprochene aussprechen 144
Manche Männer sind echte Härtefälle 145
Die paradoxe Intervention 146
Das Jerusalem-Ritual 147

17. Männer halten zu Männern
Erwarten Sie keine Kollegialität von Kollegen 148
Frauen kriegen die Drecksarbeit 149
Die Treue der Männer und andere Enttäuschungen 150
Machen Sie sich frei von der Loyalitätsillusion! 151
Der verlorene Kampf um die Loyalität der Männer . 152
Was frau daraus lernt 153
Ausnahmsweise leben 155

18. Frauen leisten das Doppelte und kriegen die Hälfte
Rituelle Ungerechtigkeit 157
Das Beweis-Ritual 157
Das Doppelmoral-Ritual 158
Rituelle Holzwege 159

Wenn Frauen das Ungleichgewicht zementieren:
Das Glucken-Ritual 160
Gleichgewichte fallen nicht vom Himmel 162
Frauen trauen sich nicht? 163
Achten Sie auf Angemessenheit! 164
Geben Sie nur so viel, wie Sie als Gegenleistung
erwarten dürfen! 165

Teil IV: Sabotage-Rituale

19. Das Wer-kann-wem-Ritual
Wer sich wehrt, lebt verkehrt 168
Der Holzweg: Abwatschen 169
Das Mama-Ritual im Dienste
der Rangfolge-Restauration 170
Tipps zum Mama-Ritual 171
Die Frau steht rechts 173
Sollen Frauen am Stuhl vom Chef sägen? 173

20. Das Bürosklaven-Ritual
Frauen kriegen die Blödjobs. 175
Was macht die Sklavin? 176
Wer sich nicht wehrt 176
Sklavenhalter wehren sich 177
Ausgleich als Verstärker. 179

21. Männer sind wie Einbahnstraßen
Warum geben Männer nichts zurück?. 180
Was Männer unter fair verstehen 180
Angemessen ist das, was Sie als angemessen
empfinden. 181

Teil V: Das Erfolgsritual

22. Der weibliche Weg
Mütter ins Business? 184
Die Alternative zum Ellenbogenprinzip. 185
Führungsrituale im Vergleich. 186
Was heißt authentisch? 187
Entdecken Sie Ihre Authentizität 188

Nachwort. 190
Literaturliste 192
Register. 195

Danksagung

Den vielen Businessladys in Führungspositionen, die im Vorfeld dieses Buches ihre Erfahrungen mit Business-Ritualen und Ritual-Management in langen und fruchtbaren Gesprächen mit mir geteilt haben, möchte ich herzlich danken. Ebenso den zahllosen Trainings- und Coaching-Teilnehmerinnen, die ihre Tipps, Anekdoten und Ritual-Strategien zum Buch beigesteuert haben. Sie alle gaben ihr Ritual-Know-how großzügig weiter, damit es möglichst viele Frauen möglichst schnell viel leichter im Beruf haben. Diesem Wunsch schließe ich mich von Herzen an.

Männer sind in einem Dilemma. Sie fürchten die Frau, die ihnen doch so wichtig für ihre eigene Selbstbestätigung ist. Wir bedürfen der Illusion, eine Frau zu besitzen, um unsere Einmaligkeit zu beweisen, um unsere Überlegenheit anderen Männern gegenüber zu bestätigen. Und doch geben wir Frauen insgeheim der Verachtung preis, um zu verbergen, wie wir ihren Wert missbrauchen und um untereinander zu triumphieren. Diese Verachtung wird oft zum Zement der Beziehung zwischen Männern. Gemeinsam halten wir die Frau für unterlegen. Und doch wollen wir unter allen Umständen von ihr akzeptiert werden – und das als völlig fehlerlose Helden.

Arno Gruen, aus: *Der Verrat am Selbst*

Vorwort

«Wenn Sie auf dem Firmenflur einem Mann begegnen, klatschen Sie ihm kräftig aufs Gesäß.» Können Sie sich vorstellen, diesen Satz in einem Business-Knigge zu finden?

Nein. Das sprengt die Grenzen der Vorstellungskraft. Das gibt's doch nicht, das geht doch nicht, wo kommen wir da hin? Nun, dieses Benimmhandbuch gibt es nicht für Frauen – aber für Männer. Sie wussten das nicht? Mann weiß das. Mann kennt das. Auswendig.

Wenn Sie die Probe aufs Exempel erleben möchten, gehen Sie mal in Berlin, Zürich, Wien oder jeder anderen größeren Stadt im Hochsommer an einem Bauzaun vorbei, hinter dem zwanzig Männer Mauern mauern oder Gräben graben. Großstadterfahrene Frauen verdrehen schon beim Gedanken daran die Augen: «Ich kann bereits die Pfiffe hören!»

Eine Frau geht an einer Baustelle vorbei – Männer pfeifen. Das ist so, das war schon immer so, das wird auf absehbare Zeit so bleiben. Das ist sozusagen ein Ritual. Der Clou daran: Für dieses Ritual braucht kein Mann der Welt einen Männer-Knigge. Das weiß jedermann auswendig!

Sie finden es erschreckend, wie ritualgesteuert die Krone der Schöpfung unter direkter Umgehung des Verstandes agiert? Sparen Sie sich Ihr Erschrecken für eine andere Frage auf: Haben Sie sich nicht auch schon gefragt, warum es für eine Frau immer noch wahrscheinlicher ist, Sechslinge zu bekommen als in eine Vorstandsetage vorzudringen? Warum die wenigen Frauen, die es in eine Führungsposition geschafft haben, Dinge sagen wie:

- «Ich bin zwar Managerin – aber zum Management gehöre ich nicht. Das lassen mich die Männer täglich spüren.»
- «Wenn eine Frau in diesem Job Anerkennung will, muss sie doppelt so viel leisten wie ein Mann.»
- «Ich leiste hier gute Arbeit, doch Anerkennung bekomme ich dafür nicht.»
- «Im Management ist es einsam – aber für eine Frau im Management überschreitet die Einsamkeit die Grenze des Vorstellbaren.»
- «Bei uns sind Frauen Führungskräfte zweiter Klasse.»
- «Wir müssen allen anderen permanent beweisen, dass wir zu Recht in einer Führungsposition sind. Männer müssen das nicht.»

Haben Sie sich nicht auch schon gefragt, warum wir diese Sätze seit über zwanzig Jahren hören? Warum sich trotz aller Frauenförderung, Emanzipation und populistischer Headlines wie «Frauen sind mächtig im Kommen!» (wo, bitte schön?) daran nicht wirklich etwas geändert hat? Warum Frauen inzwischen zwar wie wild so genannte Management Skills büffeln und Business-Frauenseminare besuchen – nur um danach festzustellen: Wenn ein Mann und eine Frau sich um einen Führungsjob bewerben, dann stehen die Chancen immer noch eins zu zehn, dass die Frau den Job bekommt – auch wenn sie besser qualifiziert ist?

Und wenn sie den Job in einem von zehn Glücksfällen tatsächlich bekommt, dann wird sie von vielen Kollegen und leider auch Kolleginnen geschnitten, um die verdiente Anerkennung gebracht und mit vielen kleinen Nickligkeiten, die wir alle so gut kennen, jeden Tag daran erinnert, dass sie eine Frau ist und einfach nicht dazugehört. Bei der Aufgabenverteilung und Delegation erwischen immer irgendwie Frauen die Schmuddeljobs, die ungeliebten Aufgaben und die Projekte, die keiner möchte. Bei meinen Nachforschungen in den Führungsetagen traf ich auf eine ganze Legion «Mädchen für alles» – obwohl die Frauen Abteilungsleiterinnen oder Höheres waren!

Der große Irrtum der letzten zwanzig Jahre und der letzten 2000 Ratgeber «Wie bringe ich es als Frau im Beruf weiter?» war anzunehmen, dass es Frauen mit ein wenig Frauenförderung, mit mehr Verständnis der Männer, weniger Diskriminierung und mehr Führungsfähigkeiten doch wohl schaffen müssten, aufzusteigen und die Anerkennung zu bekommen, die sie verdienen. Haben sie's? Haben Sie's? Nein – sonst wären wir jetzt nicht hier. Der Irrtum der letzten zwanzig Jahre war, den Bauzaun zu übersehen.

Hat die Frauenförderung, das unzweifelhaft gesteigerte Verständnis der Männer, die zurückgegangene Diskriminierung oder haben die gestiegenen Führungsfähigkeiten von Frauen verhindert, dass hinter dem Bauzaun hervor der gellende Pfiff ertönt? Nein. Nun sagen Sie sicher, dass man einen Bautrupp angeschmutzter Kerle in verschwitzten Unterhemden nicht mit dem modernen Management vergleichen kann. Da haben Sie Recht. Mit diesem Vergleich tun wir Bauarbeitern Unrecht.

Denn ihre Pfiffe richten nicht wirklich Schaden an. Die herrschenden Rituale im Business dagegen richten seit Jahrzehnten einen Flurschaden unter Frauen im Beruf an, gegen den sich der Überfall der Hunnen wie eine Friedensdemo ausnimmt.

Wohlgemerkt: Es gibt einen Unterschied zwischen Diskriminierung und Ritual. Das eine geschieht mit Vorsatz, das andere unbewusst. Männer, die hinter Röcken herpfeifen, wissen im Moment des Pfiffes nicht wirklich, was sie da tun und anrichten. Deshalb ist es etlichen hinterher sogar peinlich. Im Management sind die frauenbremsenden Rituale den Männern oft mehr als peinlich – doch das ändert nichts daran, dass sie weiter bestehen! Und solange sie bestehen, nutzen Ihnen Ihre besseren Noten, Ihre höhere Qualifikation, längere Erfahrung und höhere Fachkompetenz, jede Menge Management-Seminare und zweihundertprozentiger Einsatz wenig:

> Frauen im Beruf werden nicht so sehr von Männern, sondern von frauenfeindlichen Ritualen behindert.

Diese Business-Rituale sind sehr viel gefährlicher und hinderlicher, als jeder einzelne Mann das je sein könnte. Solange Sie diese Rituale nicht kennen, werden Sie trotz aller Kompetenz, Qualifikation und Leistungsbereitschaft immer den Kürzeren ziehen, sich schwerer tun im Beruf als der männliche Kollege, es kaum zu dem bringen, was Sie im Beruf erreichen wollen, und wenn, dann so darunter leiden, wie es die vielen Frauen tun, deren Zitate Sie eingangs sahen. Fachkompetenz und Leistungswille sind gegen Business-Rituale machtlos. Selbst wenn Sie die anerkanntermaßen größte Fachexpertin auf Ihrem Gebiet sind, rennen Sie damit gegen die sprichwörtliche Wand. So fühlen sich viele Frauen derzeit in ihrem Beruf. Jedes Business-Ritual ist eine Wand, an der Frauenträume nach Anerkennung und Aufstieg zerschellen.

Es gibt zwar auch die Karriere und die Anerkennung im Beruf ohne Kenntnis der herrschenden Business-Rituale. Doch das kostet viel Zeit, Anstrengung und Nerven und frustriert zunehmend. Denn frauenfeindliche Business-Rituale sind wie Zauberflüche, die sich unheilschwanger über alles legen, was frau anfasst.

Schicksal der Frau im Beruf? Nein, Herausforderung, wie mir die vielen erfolgreichen Businessladys, die es trotzdem geschafft haben, versicherten. Eine von ihnen meinte scherzhaft: «Männerrituale sind wie dämonische Zaubersprüche. Aber die Magie der weißen Hexen ist stärker!» Was für eine schöne, empowernde, Kraft gebende Metapher. Die Businesslady als gute Hexe, die kraft ihrer weißen Magie den

Bann der schwarzen Magier überwindet. Und schon war der Titel für dieses Buch gefunden ...

Sobald Sie die schlimmsten Business-Rituale kennen, erkennen, umgehen und aushebeln können, sobald Sie Ihre eigenen Erfolgsrituale geschaffen haben und Ihre Magie sozusagen stark genug ist,

- bekommen Sie auch die Anerkennung, die Sie verdienen,
- müssen Sie nicht mehr doppelt so viel arbeiten, um dieselbe Anerkennung wie die Kollegen zu bekommen,
- fällt eine Menge Druck von Ihnen ab,
- durchbrechen Sie die berüchtigte Glasdecke (über die hinaus keine Frau befördert wird),
- erleben Sie ein schönes, tragendes Wir-Gefühl mit anderen Frauen im Beruf,
- sind Sie besser gegen männliche Übergriffe gefeit, wenn nicht immun,
- macht die Arbeit wieder Spaß und fällt um einiges leichter,
- kommen Sie im Übrigen auch besser mit den Männern im Beruf (und anderswo) zurecht.

Dafür lohnt es sich doch, oder? Sind Sie bereit, den Zauberstab zu schwingen?

1. Die Macht des Rituals

Warum haben wir das vergessen?

Frauen im Beruf glauben, dass sie es mit Einsatz, Fachwissen und Kompetenz «schaffen können». Das ist naiv, wie jede Bewerbungssituation eindrücklich illustriert: Der einsatzfreudigere, kompetentere und erfahrenere Bewerber wird mit an Sicherheit grenzender Wahrscheinlichkeit abgelehnt – sobald es eine Frau ist. Diese Ablehnung ist ritualisiert. Ein typisches Business-Ritual. Wenn eine Frau das Doppelte leistet wie ein Mann, bekommt sie dafür die halbe Anerkennung. Auch typisch. Auch ein Business-Ritual.

Wie konnten wir das vergessen? Wie konnten wir das insbesondere auf dem Hintergrund unserer eigenen Geschichte vergessen? Wie mächtig Rituale sind, zeigt schon der Umstand, dass Männer sich seit Jahrhunderten vor Frauenritualen fürchten. Hexensabbat, Walpurgisnacht, Geburt, Gemeinschaft und Heilung ...

So mystisch und im Einzelfall ohne jeglichen bedrohlichen Hintergrund diese Rituale auch sein mögen, sie reichten aus, um Männern jahrhundertelang einen solchen Schrecken einzujagen, dass Frauen über ganze Epochen hinweg deshalb verfolgt wurden, zum Beispiel mit der sprichwörtlichen Hexenjagd. Es ist eine seltsame Ironie des Schicksals, dass Frauen im Beruf ausgerechnet das ignorieren, was große Teile ihrer Geschichte geprägt hat. Rituale sind mächtig. Mächtiger als das meiste, was uns im Beruf begegnet. Mächtiger jedenfalls als der mächtigste Vorstandsvorsitzende. Denn kein Vorstandsmanager hat es bislang geschafft, ein Business-Ritual außer Kraft zu setzen – selbst wenn er das gewollt hätte.

Was Rituale sind und können

Sie können einen MBA in der Tasche, fünf Jahre Berufserfahrung in leitender Tätigkeit bei einem Weltmarktführer und klar die größte Kompetenz im Bewerberfeld mitbringen – wenn das Old Boys' Network (s. Kapitel 2, Seite 24 ff.) einen männlichen Bewerber favorisiert, der im Vergleich zu Ihnen drittklassig ist, wer bekommt dann den Job? Rhetorische Frage. Um es klar zu sagen: Obwohl Sie der bessere Bewerber sind, obwohl Sie viel besser fürs Unternehmen wären, wird der Drittklassige bevorzugt. Warum?

- Weil Rituale der mächtigste Zauber der menschlichen Gesellschaft sind.
- Weil Rituale mächtiger sind als jede Vernunft – selbst mächtiger als das Profitdenken. «Männer machen lieber Verlust, als eine Frau einzustellen», kommentierte eine Projektleiterin in einem Chemieunternehmen.
- Weil Rituale mächtiger sind als jede(r) Einzelne. Wenn vier Männer vor dem Pissoir stehend Businesspläne verabschieden (typisches Ritual), kann ein Einzelner diese nicht mehr umwerfen.
- Weil jeder Teilnehmer an einem Ritual dessen Macht verliehen bekommt.
- Weil jede Nichtteilnehmerin deshalb schon von vornherein auf verlorenem Posten steht. «Es ist wie ein Rennen, bei dem schon vor dem Start die Gewinner feststehen», sagte mir eine Innendienstleiterin, «Frauen wird automatisch die Verliererkarte zugelost.»
- Weil es keinen ritualfreien Raum gibt.

Die Hoffnung, dass ausgerechnet Sie in einem Unternehmen arbeiten, in dem Business-Rituale keine Macht haben, ist eine vergebliche. Wenn Sie keine Rituale erkennen können, heißt das nicht, dass es sie nicht gibt, sondern dass Sie sie noch nicht entdeckt haben. Auch das ist Kennzeichen von Ritualen: Sie laufen meist unter dem Deckmantel der Verschwiegenheit ab. Nicht so sehr, weil sie bewusst und mit bösartiger Intention verschwiegen würden, wie manche argwöhnt. Sondern schlicht, weil sie – typisch Ritual – von allen Teilnehmern größtenteils unbewusst initiiert und gepflegt werden. Wenn das Old Boys' Network sich für den Bewerber statt die bessere Bewerberin entscheidet, passiert das ganz automatisch, unreflektiert und reflexhaft. Das wird einfach in die Wege geleitet, und damit hat sich der Fall.

Allein schon der Umstand, dass Sie sich als Frau benachteiligt fühlen, ist ein begründeter Verdacht für die Existenz von Business-Ritualen.

Sie fühlen sich benachteiligt in Ihrem Job? Suchen Sie die Rituale!

Ritual und Religion

Falls Sie sich eben in eine etwas obskure Ecke gedrängt fühlten:

Rituale haben nichts mit Religion, Hexerei, primitiven Stämmen, Kannibalen oder schwarzer Magie zu tun.

Natürlich gibt es in jeder Religion und in allen Stämmen Rituale. Doch weder Religion noch Magie haben das Ritual gepachtet. Jeder normale Mensch hat Rituale, auch wenn er oder sie das nicht so bezeichnen würde. Viele Frauen gehen zum Beispiel im Restaurant oder bei geselligen Anlässen gern in Begleitung einer anderen Frau auf die Toilette – auch das ist ein Ritual.

Ein Ritual ist schlicht eine in immer derselben Art von immer denselben Teilnehmern zu immer denselben Anlässen ausgeübte, sich oft wiederholende Verhaltensweise.

Jeder normale Mensch kennt und übt Hunderte solcher Rituale aus – und das ist gut und auch gesund so. Stellen Sie sich vor, Sie müssten nach jeder gelungenen Rede überlegen: Applaudiert man dem Redner jetzt oder nicht? Unser Zusammenleben wäre ohne passende Rituale sehr stressig und von Missverständnissen geprägt.

Rituale sind mächtig und nützlich für ihre TeilnehmerInnen und unverständlich, gefährlich oder gar schädlich für NichtteilnehmerInnen.

Männer im Business haben Rituale. Businessladys haben bislang keine oder die falschen.

Businessmänner haben Rituale. Businessladys brauchen Rituale.

Teil I:
Rituale der Stärke

2. Ladys' Network

Old Boys' Network

Jeder Mann kennt das Old Boys' Network. Es ist ein geflügelter Begriff. Das OBN ist eine informelle Gruppe von Managern, die sich von früher her kennen, sich gegenseitig unterstützen, informieren, sich treffen und dem lateinischen Motto huldigen: Manus manum lavat – eine Hand wäscht (rituell) die andere. Dabei muss es sich noch nicht einmal um die sprichwörtliche Mauschelei handeln, obwohl es das natürlich oft ist. Im Osten Deutschlands ist das OBN übrigens unter dem schönen Begriff «Seilschaft» bekannt, international heißt es euphemistisch «Netzwerk». Wie gesagt, jede(r) hat den Begriff schon gehört. Doch selbst jene, die ihn im Munde führen, kennen oft seine Bedeutung nicht:

Für Männer ist berufliche Netzwerkbildung selbstverständlich. Eben ein Ritual. Mann denkt nicht darüber nach, mann kungelt einfach. Es ist ganz erstaunlich, dass selbst eben erst eingestellte Männer in untergeordneter Position schon nach drei Wochen bereits eine Hand voll anderer Männer angesammelt haben, die ihnen «einen Gefallen schuldig sind». In dieser Zeit berichten die meisten Frauen darüber, dass sie noch «gar nicht Fuß gefasst» und sich ein wenig fremd in der Firma vorkommen.

Während Männer schon wenige Tage nach Jobantritt ihre Rituale pflegen und damit vorwärts kommen, werden Frauen zur selben Zeit von eben diesen Ritualen bereits ausgebremst!

Als Lady ins Old Boys' Network

Frauen erkennen das Netzwerk-Ritual der Männer meist auf Anhieb und schmerzlich. Wie mir eine Customer-Support-Leiterin sagte: «Die Männer helfen sich immer gegenseitig.

Das scheint bei denen eine Art Ritual zu sein.» Was haben Frauen dem entgegenzusetzen? Ebenfalls ein Ritual: Frauen in Führungspositionen werden von anderen Frauen meist mit Argwohn betrachtet, oft auch mit Missgunst behandelt. Das Männerritual bringt Männer weiter, das Frauenritual behindert Frauen.

Wenn Männer-Netzwerke ihren Mitgliedern derart nützlich sind, sollten Sie als Frau dann versuchen, sich einem anzuschließen? Auf diese Idee kommen die meisten Businessladys irgendwann. Meist geht dieser Gegenzauber ins Auge. Das liegt daran, dass viele Frauen das Ritual der Aufnahme ins OBN nicht kennen und nicht verstehen. Jedes Männer-Netzwerk hat einen so genannten Initiationsritus. Frau kennt das vielleicht aus Kindergarten und Schule: In den Klub der renitenten Sechsjährigen kommt ein Knabe eben nur dann, wenn er eine Aufnahmeprüfung besteht; zum Beispiel, indem er ans Auto des Lehrers pinkelt.

Bei Männer-Netzwerken läuft das analog. Da wird der Kandidat beispielsweise zum berühmten Kamingespräch eingeladen. Zwischen arrivierten Managern um den Kamin versammelt, muss er sich dann als würdig erweisen – indem er unverhohlene Selbstdarstellung betreibt, Erfolgsgeschichten auftischt und sich schamlos profiliert. Nimmt er den Mund ausreichend voll und wird darob von den Silberrückenmännchen rituell an seinen Platz verwiesen, gilt er als aufgenommen. Ritus bestanden.

Auch Frauen werden hin und wieder zu solchen Kamingesprächen eingeladen. Der emanzipatorische Vorwurf, dass Frauen nie in die Zirkel der Macht vorgelassen werden läuft also rein empirisch betrachtet ins Leere. Der Vorwurf ist eher kontraproduktiv. Denn er lenkt den Blick in die falsche Richtung.

Er impliziert: Frauen werden nicht anerkannt, weil Männer sie diskriminieren. Das stimmt faktisch nicht. Frauen werden gebremst, weil sie von Männern zu Männerzirkeln eingeladen werden – aber die Riten nicht kennen, die in solchen Zirkeln gelten! Natürlich ist es sehr viel bequemer, empört «Diskriminierung!» zu rufen, anstatt den Blick auf die herrschenden Rituale zu richten. Leider bringt Empörung Frauen nicht weiter.

Auch Frauen werden zu Kamingesprächen eingeladen – aber sie verhauen die Aufnahmeprüfung.

Sie beobachten die männlichen Kollegen beim Aufnahmeritual und machen es nach – da liegt der Fehler. Denn das Old Boys' Network handelt nach der Spielregel: Quod licet Iovi non licet bovi – was einem Mann obliegt, geziemt der Frau nicht. Dies als schreiende Doppelmoral aus dem vorvorigen Jahrhundert zu brandmarken, ist zwar richtig, hilft jedoch nicht weiter. Wenn eine Frau vom Leder zieht und Erfolgsgeschichten erzählt, wird sie nicht mit der Aufnahme ins Netzwerk belohnt, sondern ignoriert oder unterbrochen.

Jungs wollen nicht, dass Mädchen mitrangeln.

Sie kommen nicht ins OBN, indem Sie bei der Angeberei mitmachen, sondern indem Sie das Ritual ernst nehmen und nach seinen (verqueren) Regeln spielen, indem Sie

- interessiert wirken, also viele Fragen stellen,
- bestätigen, also positives Feedback geben,
- ermuntern: «Erzählen Sie doch mal!»

Erfreulicherweise kommen diese Erfordernisse Frauen sehr entgegen: Frauen beherrschen das aktive Zuhören besser als Männer. Das ist sozusagen ihre weiße Magie. Wenn Sie bei der Kaminrunde aktiv zuhören, senden Sie den Männern die Botschaft: «Ich bin keine Bedrohung für euch!»

Natürlich ist es schwach, wenn (einige!) Männer sich von einer starken Frau bedroht fühlen. Doch das heißt nur, dass Sie es nicht darauf ankommen lassen müssen. Es bedeutet nicht, dass Sie kuschen und Ihre Kompetenz unter den Scheffel stellen müssen.

Zeigen Sie Ihre Kompetenz nicht beim Kamingespräch, sondern unter vier Augen.

Wenn eine Frau im Einzelgespräch Kompetenz zeigt, wird sie von Männern akzeptiert. Zeigt sie sie in der Gruppe, wird sie als ungeliebte Konkurrenz wahrgenommen. Wenn eine Frau clever ist und das Kaminritual besteht, wird sie auch ins Old Boys' Network aufgenommen – wohlgemerkt als Mitglied zweiter Klasse: So ganz dazu gehört eine Frau im Business nie, eben weil sie eine Frau ist; aus Sicht der Männer.

Die Mafia ist ein Ferienklub

Im Vergleich zum Old Boys' Network nimmt sich die Mafia wie ein Kindergeburtstag aus. Was mir Businessladys über die Machenschaften des heiligen Ordens vom gelobten Management erzählt haben, sprengt die Grenzen der Vorstellung. Eine erzählte:

«Ich konnte es kaum fassen, als ich dahinterkam. Doch die Männer sprechen im Netzwerk sogar ihre Attacken aufeinander ab. Ich weiß zum Beispiel von unserem Verkaufsleiter, dass er zum Marketingleiter in einem informellen Treffen des OBN sagte: ‹Du, im nächsten Meeting der Geschäftsleitung muss ich dich wegen der Kfz-Werbekampagne anschießen. Nimm das nicht persönlich. Ich muss mir einfach gegenüber dem Finanzvorstand Luft verschaffen.› Darauf sagte der zum vorgetäuschten Abschuss freigegebene Marketingleiter: ‹Geht klar, du gibst mir dann Schützenhilfe, wenn ich das Zusatzbudget durchpauke.› Und selbstverständlich ging auch das klar – obwohl alle anderen Abteilungen ihre Budgets kürzen müssen!»

Diese heimliche Absprache steht im krassen Gegensatz zum Verhalten weiblicher Führungskräfte in Meetings: Die gehen sich tatsächlich ernsthaft gegenseitig an den Kragen, wenn sie Meinungsverschiedenheiten haben (Stichwort Stutenbiss), beschädigen gegenseitig Ruf und Position – während die Männer feixend daneben sitzen. Dafür haben sie zwei gute Gründe: Ein Old Boy würde so etwas nicht tun – und wozu Frauen in Führungspositionen bekämpfen, wenn die das schon selber tun? Meist viel wirksamer, als das ein Mann könnte.

Ein Old Boy hat im Meeting gegenüber einem anderen Old Boy immer eine gewisse Beißhemmung – einer Frau gegenüber hat er diese nicht. Warum auch? Sie gehört aus seiner Sicht nicht «dazu». Was eine Gruppenleiterin zu dem denkwürdigen Ausspruch veranlasste: «Egal, welche Position eine Frau bei uns innehat – es ist immer eine Außenseiterposition.»

Besuchen Sie Ihr eigenes Netzwerk

Da Netzwerke so überaus mächtig, nützlich und hilfreich sind, sollten Sie einerseits versuchen, den Aufnahme-Ritus für das Old Boys' Network zu absolvieren (s. o.), und andererseits an Ihr eigenes Netzwerk denken. Denn ein reines Frauen-Netzwerk ist in vielen Aspekten für eine Frau sehr viel nützlicher und hilfreicher, als das ein Männer-Netzwerk je sein kann. Außerdem ist es manchmal unter Frauen einfach angenehmer. Der magische Zirkel der weißen Hexen gibt jeder Frau Kraft.

Bei Ihrem Netzwerk sparen Sie selbstverständlich die Neiderinnen aus, mit denen jede Frau in führender Position konfrontiert wird. Während Männer zwar auch neidisch auf den Kollegen sind, der befördert wurde, dies jedoch eher mit einer Einstellung zum Ausdruck bringen wie: «Einer von uns hat es geschafft!», neiden Frauen anderen Frauen den

Erfolg mit der Einstellung: «Sie hat es geschafft, also ist sie keine mehr von uns!»

Auf jede Frau in einem Führungsjob kommen fünf Neiderinnen.

Versuchen Sie nicht, Neiderinnen ins Boot oder ins Netzwerk zu holen. Wenn Sie nicht gerade über eine psychotherapeutische Ausbildung verfügen, führt das zu nichts. Ignorieren Sie Neiderinnen wie Schlechtwetter: Gegen Regen kann man auch nichts machen – außer einen Schirm aufzuspannen.

Networking

Wie kommen Sie zu Ihrem eigenen Netzwerk? Indem Sie geeignete Teilnehmerinnen suchen. Das nennt man Networking. Wenn Sie Abteilungsleiterin sind, suchen Sie gleich gesinnte Abteilungsleiterinnen inner- und *vor allem außerhalb* Ihrer Firma. Denn innerhalb jeder beliebigen Firma im deutschsprachigen Raum gibt es meist zu wenige Frauen auf derselben Hierarchieebene.

Gelegenheiten zum Networking bieten sich explizit auf den vielen Frauen-Netzwerktagen, die vor allem in den Ballungszentren oft stattfinden. Doch obwohl Frauenmagazine diese Events gerne als das Nonplusultra des Networking darstellen, bieten sie weder die einzige noch die beste Möglichkeit zum Networken. Interessante Kontakte können Sie genauso gut

- in Seminaren, Workshops und bei Fachtagungen,
- auf Lieferanten- und Kundenbesuchen,
- bei After-Work-Partys,
- durch Rumfragen und Hörensagen knüpfen.

Viele Großunternehmen bieten firmenoffene Netzwerkplattformen an (hören Sie sich um). Außerdem gibt es eine Menge Chatrooms im Internet.

Beschränken Sie sich bei der Kontaktsuche nicht auf Ihre Hierarchieebene, sondern beziehen Sie auch die beiden angrenzenden Ebenen mit ein. Wie können Sie Networking lernen? Nicht nötig. Sie können das schon.

> Im privaten und gesellschaftlichen Bereich haben Sie schon Ihre Netzwerke. Übertragen Sie Ihre Erfahrung von dort auf den Businessbereich.

Geht das? Darf frau das einfach so? Ja und ja. Mehr noch: Anders geht es nicht. Klingt alles ganz einfach? Warum macht frau es dann nicht so oft wie nötig?

Die typischen Ausreden

Ich habe bislang keine Frau in einer Führungsposition getroffen, die nicht schon die Notwendigkeit und Nützlichkeit von Frauen-Netzwerken erkannt hätte. Warum sind dann gut 80 Prozent der Frauen noch in keinem Netzwerk? Warum überlassen sie dem Old Boys' Network immer noch das Sagen, den Erfahrungsaustausch und die Unterstützung seiner Mitglieder? Aus einem überragend triftigen Grund: «Ich habe einfach keine Zeit dafür!» Selbst eine Anfängerin in Time-Management erkennt darin einen vorgeschobenen Grund.

> «Keine Zeit!» gibt es nicht. Fürs Atmen haben Sie ja auch Zeit!

Wer «keine Zeit» sagt, meint damit eigentlich: «Es ist mir nicht wichtig genug, mir Zeit dafür zu nehmen.» Wenn Ihnen eine Sache wirklich wichtig ist, nehmen Sie sich auch die Zeit dafür, nicht wahr? Deshalb möchte ich mich nicht der populären Forderung anschließen, dass «Frauen sich endlich mehr Zeit fürs Networking nehmen sollten», wie neulich eine Frauenzeitschrift naiv forderte. Das ist ein non sequitur, ein Fehlschluss.

Der korrekte Schluss aus dem Zeitdilemma ist die Frage: Sind Sie sich sicher, dass Ihnen Networking nicht wichtig genug ist, oder sind Ihre Prioritäten durcheinander geraten?

Werte-Arbeit

Viele Frauen beklagen, dass sie es als Frau im Business schwer hätten, sagen aber gleichzeitig, dass sie keine Zeit zum Beispiel für Networking hätten. Das ist ein offensichtlicher Widerspruch. Hier sind zwei Interessen im Widerstreit: auf der einen Seite das Interesse daran, es als Frau im Beruf einfacher und leichter zu haben, auf der anderen Seite, sich nicht mit zusätzlicher Arbeit zu belasten.

Wenn zwei Interessen im Widerstreit liegen, stellen Sie sich eine einfache Frage: Was ist mir wichtiger?

Jede Antwort ist richtig. Erstaunlich viele Frauen haben mir schon gesagt: «Lieber beklage ich sporadisch meine Situation, als den Aufwand einer Veränderung auf mich zu nehmen. So schlecht habe ich es dann auch wieder nicht.» Wer mit seiner Situation im Großen und Ganzen zufrieden ist, sollte das unbedingt bleiben.

Ebenso viele Frauen sagen mir: «Wenn ich's recht bedenke, sollte ich mit Jammern aufhören und etwas unternehmen. Ich höre mich mal um, was andere Frauen so machen.»

Jede Antwort auf die Prioritätenfrage ist die richtige, wenn Sie damit glücklich werden. Jede Frau führt ein anderes Leben, jede gute Businessfee hat einen anderen, nämlich ihren eigenen Weg.

Wichtig ist nur, dass Sie die Antworten finden, die Sie in Ihrem Leben voranbringen und Ihnen Zufriedenheit geben.

Punktuelle Männerallianzen

Sich um ein eigenes Frauen-Netzwerk zu bemühen, heißt nicht, fortan alle Männer links liegen zu lassen. Gehen Sie punktuell mit ausgesuchten Männern auf derselben Hierarchieebene Allianzen ein, nach dem Motto: «Du bist auf Gebiet X der Experte, zeig mir mal, wie das geht!» Solche geschlechtsübergreifenden Businessbeziehungen sind für beide Seiten fruchtbar und nützlich – solange Sie eine Maxime absolut beherzigen:

Lassen Sie den Experten auf seinem Sockel!

Frauen tendieren automatisch und unreflektiert zu einer partnerschaftlichen Beziehung (das ist gut!). Sie wollen in einer Beziehung auf gleicher Ebene über alles kommunizieren. Deshalb sind sie so sauer, wenn Männer in der privaten Beziehung nicht über Gefühle reden wollen; sie fassen das als Beziehungsbeschädigung auf.

Im Business gilt oft das Gegenteil. Experten hassen es, wenn Sie sich mit ihnen verbrüdern! Das stößt sie vom Sockel. Experten sind meist nur deshalb in einer Expertenbeziehung, um von der Frau angehimmelt zu werden. Wenn eine Frau es gezielt und bewusst fertig bringt, einen «Experten» auch mal ein wenig anzuhimmeln, ohne sich dabei verbiegen zu müssen, dann sind beide in der Beziehung glücklich und vor allem erfolgreich. Denn männliche Experten verfügen über hervorragende Tipps – frau muss sie lediglich «anzapfen».

Himmeln Sie den Experten an – nicht den Mann!

Das ist ein kleiner, aber feiner Unterschied, der übrigens für beide die Businessbeziehung angenehmer und fruchtbarer gestaltet. Männer mögen es eher, als Experte denn als Mann angehimmelt zu werden (weil es glaubhafter ist) – und für Frauen ist das weniger verfänglich.

Halten Sie sich ein Männer-Netzwerk

Wenn Sie die Idee der punktuellen Allianz weiterdenken, kommen Sie automatisch bei Ihrem eigenen kleinen oder größeren Männer-Netzwerk an: Halten Sie sich einfach für jedes Fach-, Interessen-, Problem-, Krisen- oder Fragengebiet einen männlichen Experten (wenn Sie keine Frau dafür finden). Fangen Sie heute mit dem Auf- und Ausbau dieses Experten-Netzwerkes an. Welche Themen müssen besetzt werden? Wer ist dafür geeignet? Wann sprechen Sie ihn an?

Wenn Sie sich (noch) nicht trauen, ist das nicht schlimm. Das heißt lediglich, dass Ihnen Ihre Comfort Zone, auch wenn Sie es darin als Frau manchmal etwas schwer haben, zurzeit (noch) wichtiger ist als Ihr beruflicher Befreiungsdrang. Ignorieren Sie niemals Ihre Präferenzen. Respektieren Sie sie – oder ändern Sie sie.

Nutzen Sie einen Mann nicht aus, wenn Sie ihn als Experten halten? Nein. Denn Sie halten ihn ja «artgerecht». Er bekommt dafür eine Gegenleistung. Was erwarten Männer als Gegenleistung? Das lassen sie Sie unmissverständlich durch konkludentes Verhalten wissen.

In der Regel erwarten Männer eine von zwei Gegenleistungen. Nein, die sexuelle Dienstbarkeit ist trotz häufig geäußerter Gerüchte nur in extrem seltenen Fällen darunter. Aus einem einfachen Grund: Einem echten Experten ist Prestige, Respekt und Angehimmeltwerden wichtiger als Sex (gut zu wissen!). Das widerspricht zwar dem feministschen Klischee, dass Männer nur an das eine denken – doch wer hat behauptet, dass Klischees stimmen, selbst wenn es feministische sind?

Die erste mögliche Gegenleistung: Männer, die ebenfalls eher zu einer kollegialen und partnerschaftlichen Beziehung neigen, erwarten, dass Sie sich mit Ihrer eigenen Expertise revanchieren, wenn der Mann mal fragt: «Du kennst dich doch aus mit ... Gib mir mal einen Tipp!»

Die zweite mögliche Gegenleistung ist so selbstverständlich, dass viele Frauen nicht darauf kommen. Gemeint ist das schlichte «Dankeschön». Der Experte expertiert sich, um als Experte von Ihnen anerkannt zu werden. Wenn Sie die Augen ob seiner zur Schau gestellten überragenden Expertise weit aufreißen, ab und zu «Oh» und «Ah» hauchen und sich danach etwas überangemessen für seine Expertise bedanken, ist der Tag des Experten gerettet. Für Frauen ist das oft unverständlich, doch viele Experten leben dafür, von einer charmanten Frau angehimmelt zu werden. Das ist ihnen mindestens ebenso wichtig wie Lob vom Chef.

Wenn Sie das Anhimmel-Ritual verstehen und beherrschen, bekommen Sie vieles einfacher und leichter, was Sie zuvor überhaupt nicht oder nur unter Anstrengung bekommen haben. Nicht umsonst heißt es: Charme verzaubert. Charme ist ein mächtiger Zauber.

Ihre Vorteile als Frau

Über der oft und auflagenträchtig publizierten Klage, wie schwer es die Frau im Business hat, wird gerne unterschlagen, dass Frau zu sein im Business auch unschlagbare Vorteile mit sich bringt. Die kollegiale Hilfe, wie wir sie eben bei den punktuellen Allianzen kennen gelernt haben, lassen Männer anderen Männern beispielsweise nicht angedeihen, wenn diese sich auf derselben Hierarchieebene befinden. Zu groß ist für sie das Risiko, damit einen potenziellen Konkurrenten aufzubauen – es sei denn, die Revierdistanz ist groß genug, damit beide ungehindert aufsteigen können.

Männer unterstützen dagegen Frauen auf derselben Ebene und bei geringer Revierdistanz durchaus – oft ist die Distanz sogar so klein wie bei zwei nebeneinander stehenden Schreibtischen. Einzige Voraussetzung dafür: Die Frau bedankt sich höflich und verkauft den erhaltenen Tipp nicht als eigene Weisheit. So selbstverständlich das klingt, viele junge Business-Hexen ignorieren diesen Sachverhalt.

So schlug eine Juniorproduktmanagerin auf einem Marketingmeeting vor: «Wenn wir die Händler beim Direktmarketing unterstützen, machen wir Zusatzumsatz ohne Zusatzkosten.» Sie erntete spontanen Applaus für diesen Geistesblitz. Danach hatte sie monatelang keine zündende Marketingidee mehr. Denn der Marketingmanager, von dem sie den Tipp hatte, würdigte sie keines Blickes mehr und schwärzte sie bei anderen Marketingkollegen an.

Schmücken Sie sich also nicht mit fremden Federn. Das heißt nicht, dass Sie den Lorbeer unberührt weiterreichen sollen. Übernehmen Sie für den Erfolg eines guten Tipps die volle Verantwortung, bedanken Sie sich aber coram publico und vor den Ohren des Tippgebers: «Danke für die Blumen. Schön, dass Sie mein Mailingkonzept gut finden. Kollege Meier hat mich mit einer Anregung auf diese Idee gebracht.» Das schmälert Ihre erhaltene Anerkennung nicht. Im Gegenteil. Die Männer sehen nun, dass Sie nicht nur was auf dem Kasten haben, sondern sich auch an das Ritual halten, keine Kollegen zu kannibalisieren.

Emanzidötchen – das emanzipatorische Anekdötchen

«Solche Sachen passieren mir immer noch!», stöhnt eine Bereichsleiterin eines deutschen Konzerns, die seit 15 Jahren Business Class fliegt. Als auf ihrem jüngsten Flug die Stewardess die Fluglektüre verteilte und die Businesslady zum «Handelsblatt» greifen wollte, zog die Flugbegleiterin das Blatt zurück und bemerkte mit fragendem Unterton: «Aber das ist doch das ‹Handelsblatt›!» Übersetzt: «Wollen Sie als Frau nicht lieber die ‹Gala›?» «Wenn es nicht so traurig wäre, wäre es echt zum Lachen», meint die Bereichsleiterin.

3. Frauen brauchen Mentorinnen

Was Hans nützt, nützt Hanna nicht

Mentoring ist ein populäres Business-Ritual. Mentoring bringt Mentees weiter, als sie ohne Mentor jemals hätten kommen können. Jede Frau hat zumindest schon einmal davon gehört. Leider verstehen die wenigsten, mit diesem etablierten Business-Ritual umzugehen. Sie kennen vor allem eine gefährliche Tendenz dieses Rituals nicht:

> Ein Mentor nützt einem Mann und schadet einer Frau.

Männer mentorieren Männer – Frauen leider auch. Gerade weil Mentoring ein mächtiges Erfolgs- und Karriere-Ritual ist, suchen sich viele Frauen mangels einer Mentorin einen Mentor. In vielen modernen Unternehmen gibt es sogar eigene Mentoringprogramme. Man bringt es eben schneller und leichter weiter, wenn man von einem Mentor unter die Fittiche genommen wird. Leider stimmt der Satz so nicht. Es fehlen zwei «n»: Mann bringt es weiter. Frauen führt es oft in die Sackgasse. Das liegt am Vaterkomplex.

Der Vaterkomplex

Wenn ein Mann eine Frau mentoriert, benötigt der Mann eine herkuleische Anstrengung, um nicht der lockenden Versuchung des Vaterkomplexes anheim zu fallen. Die meisten können der Versuchung nicht lange widerstehen und rutschen ins Vater-Tochter-Klischee ab: «Ich spiele den gütigen, hilfreichen Papa, solange du die brave Tochter spielst.» In dieser Rolle fördert der Papa seine Tochter nach besten Kräften und Wissen – bis zu einem gewissen Punkt.

Dieser Punkt ist erreicht, wenn die Tochter sich anschickt, den Ziehvater zu überflügeln. Für einen echten

Mentor ist dies explizites Ziel jedes Mentoring: die Schülerin weiter zu bringen, als der Meister jemals gekommen ist. Sich selbst überflüssig zu machen. Für einen Vater dagegen ist das eine existenzielle Bedrohung: Wenn er die Tochter verliert, verliert er damit gleichzeitig die Rolle des gütigen Vaters, an der er sich in den zurückliegenden Monaten berauscht hat. Er droht seinen Status zu verlieren. Dagegen wehrt er sich – selbst dann, wenn es der Tochter schadet.

Vater sabotiert Tochter

Schickt die Tochter sich an, ihren Ziehvater zu überflügeln, behindert sie dieser – in der Regel ganz unbewusst.

> Simone ist eine junge Ingenieurin in einem IT-Unternehmen. Der Fertigungsgruppenleiter hat sie unter seine Fittiche genommen, ihr die ersten Renommierprojekte zugeschanzt, sie mit den Fallen und Business-Ritualen im Unternehmen vertraut gemacht. Das öffnete ihr innerhalb der Firma manche Tür, die für unmentorierte Kolleginnen und Kollegen verschlossen bleibt. Bald schon trägt die Geschäftsführung ihr an, ein eigenes Profitcenter zu übernehmen. Ihr Ziehvater, der sie bislang zu jedem neuen Projekt ermutigt hat, bremst sie nun plötzlich: «Ich weiß nicht. Das könnte eine Nummer zu groß für Sie sein. Dafür sind Sie noch nicht reif.»

Sachlich trifft diese Einschätzung nicht zu. Warum trifft sie der Ziehvater dann? Will er seine Mentee sabotieren? Nein, von Absicht kann keine Rede sein, der Vorgang ist ein unbewusster. Der Vater fürchtet den Verlust der Vaterrolle und kann deshalb die Tochter nicht loslassen. Denn ohne Tochter keine Vaterrolle. Deshalb hält er die Tochter künstlich klein, natürlich in bester Absicht, um sie zu beschützen: «Dafür sind Sie noch nicht reif.»

Frauen brauchen Frauen

Sie können nicht bloß deshalb auf Mentoring verzichten, weil Männer in der Regel ungeeignete Mentoren für Frauen sind. Den einzigen Mann unter vielen Mentoren herauszufinden, der nicht am Vaterkomplex krankt, ist ebenfalls nicht ratsam. Die Suche nach dem komplexlosen Mentor ist ungefähr so frustrierend wie die Suche nach dem Märchenprinzen.

Noch etwas problematischer wird die Situation, wenn die Personalabteilung oder die Personalentwicklung Ihrer Firma ein offizielles Mentoringprogramm unterhält, bei dem es überhaupt keine oder zu wenige Mentorinnen für die weiblichen Mentoringkandidaten gibt. Das kommt oft vor. Denn dass die Personalentwicklung kompetent für Personalentwicklung ist, heißt nicht, dass sie kompetent für die Personalentwicklung der Frau ist. Das heißt es noch nicht einmal, wenn eine Personalentwickler*in* das Programm betreut. Es hilft alles nichts. Egal mit welchen Fährnissen Sie zu kämpfen haben:

Der beste Mentor für eine Frau ist eine Mentorin.

Dafür gibt es nur eine einzige Ausnahme: Es ist Ihnen jetzt schon klar, dass Sie Ihren Mentor niemals überflügeln wollen oder werden und ihn höchstens beerben wollen (falls das Old Boys' Network das zulässt). Ist das der Fall, werden Sie glänzend mit einem männlichen Mentor zurechtkommen.

Warum viele Frauen den Papa brauchen

Auf jeder Hierarchiestufe gibt es Frauen, die es trotz hervorragender Fachkenntnis und herausragender Bemühungen einfach nicht weiterbringen. Ist das die berühmte Benachteiligung der Frau am Arbeitsplatz, die Glasdecke, die

Frauen nicht nach oben lässt? Nicht, wenn man die Augen aufmacht. Dann entdeckt man nämlich oft im Hintergrund einen Mentor mit Vaterkomplex; und das nicht nur im Beruf, sondern oft genug auch im Privaten. Warum schütteln Frauen diese Bremsväter nicht einfach ab? Weil die Sache zwei Seiten hat.

Dem Vaterkomplex bei Männern entspricht der Tochterkomplex bei Frauen.

Die Tochter handelt nach dem unreflektierten Glaubenssatz: «Solange du dich um mich kümmerst, spiele ich die brave Tochter, und es versteht sich von selbst, dass ich loyal bin.» Das heißt, immer, wenn sie in Gefahr gerät, ihren Mentor zu überflügeln, bremst sie sich selbst aus mit Gedanken wie: «Das kann ich nicht bringen. Ich habe ihm schließlich einiges zu verdanken. Er hat so viel in mich investiert, da kann ich ihn nicht hängen lassen.»

Nicht die Männer verhindern Frauenkarrieren, sondern oft genug das schlechte Gewissen.

Wenn Sie sich das nächste Mal dabei ertappen, wie Sie beim Anblick einer Aufstiegschance ein schlechtes Gewissen wegen Ihres Mentors bekommen, stellen Sie sich eine einfache Frage: Wem stehe ich näher – meiner Mutter oder meinem Vater? Die meisten Businessladys sagen wenig überraschend: «Natürlich meinem Vater! Mit meiner Mutter verstehe ich mich nicht so gut.» Das ist ein deutlicher Hinweis auf den «Vater-Tochter-Komplex». Wer privat auf die Vaterfigur fixiert ist, wird dieses Muster mit hoher Wahrscheinlichkeit auch beruflich wiederholen.

Diese Fixierung lösen viele Frauen allein dadurch, dass sie sich das unbewusste Vater-Tochter-Muster bewusst machen. Dann verliert es seine Macht über sie.

Das Bewusstmachen alter Muster verhindert oft deren Re-Inszenierung.

Sitzt die Fixierung zu tief, kann sie ein guter Coach in wenigen Sitzungen lösen – ein weiblicher Coach, versteht sich.

Die Mentorin von draußen

Wer nicht gerade in einem Weltkonzern arbeitet, findet nur selten eine geeignete Mentorin im eigenen Unternehmen. Denn dafür gibt es im deutschsprachigen Raum leider immer noch zu wenige Frauen in gehobener Position. Ist das auch in Ihrem Unternehmen der Fall, suchen Sie eine geeignete Mentorin außerhalb der eigenen Mauern! Wozu haben Sie Ihr persönliches Ladys' Network (s. Kapitel 2, Seite 24ff.)? Aktivieren Sie es und nehmen Sie mit den Kandidatinnen Kontakt auf, die Ihr Netzwerk zutage fördert.

Zur ersten Kontaktaufnahme empfiehlt sich immer die inhaltliche Orientierung: Stellen Sie sich kurz vor und stellen Sie dann eine sachliche Frage, die Sie zurzeit beschäftigt. Sie werden schnell erkennen, ob Ihre Mentorin in spe willens und von der Fachkompetenz her in der Lage ist, Sie zu mentorieren. Wenn Sie das zwei- oder dreimal gemacht haben, können Sie die Frage nach einer formellen Mentoringbeziehung stellen.

Wer diese Reihenfolge auf den Kopf stellt, riskiert Peinlichkeiten. Wer zuerst fragt: «Möchten Sie meine Mentorin sein?», und danach feststellt, dass beide leider nicht zusammenpassen, hat ein Problem, ohne großen menschlichen Schaden aus der Beziehung wieder herauszukommen.

Auf jeden Fall Mentoring

Vielleicht denken Sie gerade: «Wenn Mentoring so umständlich ist, verzichte ich doch lieber darauf.» Niemals.

Verzichten Sie nie ohne lebensbedrohliche Not auf Mentoring.

Denn Mentoring ist ein unverzichtbarer Zauber für jede gute Business-Hexe. Sie können zwar auch ohne Mentoring Erfolg und Freude im Beruf und eine Karriere (wenn Sie möchten) haben. Doch ohne Mentorin ist das sehr viel schwerer, zäher, aufwändiger, stressiger, frustrierender, langwieriger und vor allem von vielen vermeidbaren Rückschlägen gebremst.

Simone hat inzwischen die Leitung des ihr angetragenen Profitcenters übernommen und sich eine Mentorin außer Haus (bei einem Lieferanten) gesucht. Sie berichtet: «Ich würde niemals auf meine Mentorin verzichten wollen. Ich kann das nur weiterempfehlen. Dank meiner Mentorin habe ich selbst vor Vorstandsmitgliedern ein unerschütterliches Selbstbewusstsein. Sie hat mir die politischen Spielchen im Management beigebracht und mich in allen Fragen immer gut beraten.»

Der Mann als Ersatzlösung

Wann immer Sie erfolgreiche Frauen beobachten können, tun Sie es. Das Lernen am Vorbild ist durch nichts zu ersetzen. Wenn Sie erfolgreiche Businessladys beobachten, werden Sie feststellen, dass einige eine Fortgeschrittenenlösung für ihr Mentoring gefunden haben:

Ist keine Mentorin verfügbar, tut's auch ein Mann – sofern Sie den Absprung planen und schaffen!

Es ist ja nicht so, dass ein Mentor mit Vaterkomplex komplett unnütz ist. Bis zu diesem gewissen Punkt ist er der beste Freund und Förderer seiner Businesstochter. Der Trick liegt einfach darin, dass Sie die Grenzen eines Ziehvaters erkennen und das väterliche Haus verlassen, wenn es Zeit wird, auf eigenen Füßen zu stehen. Wann ist es Zeit, den Ziehvater zu verlassen? Beim begründeten Verdacht, dass er Sie klein halten will.

Die Betonung liegt auf dem Adjektiv «begründet». Erhärten Sie Ihren Verdacht. Sprechen Sie mit ihm darüber, warum er Ihnen etwas nicht zutraut, was Sie doch gerne tun oder erreichen möchten. Fällt die Antwort unbefriedigend aus, können Sie zu Recht annehmen, dass er unbewusste Hintergedanken hegt, seinen eigenen Komplex nicht erkennt. Dann ist es Zeit, den Business-Papa zu verlassen. Verlassen Sie ihn nicht im Zorn, sondern in guter Erinnerung der gemeinsam zurückgelegten Wegstrecke. Die Trennung fällt leichter, wenn Sie bereits Ihren neuen Mentor gesucht und eingestimmt haben.

Es wird auch Zeit, Ihren Mentor zu verlassen, wenn Sie sich beim Gedanken an ein Loslassen illoyal fühlen.

Denn Schuldgefühle beim Gedanken, den Mentor zu verlassen, sind ein deutlicher Hinweis auf den Tochterkomplex.

Der kleine Unterschied

Männer suchen sich öfter einen Mentor als Frauen. Das liegt nicht nur daran, dass es kaum Mentorinnen für Frauen gibt. Das liegt auch daran, dass Männer andere Männer in Toppositionen eher heimlich bewundern, während Frauen andere Frauen in Toppositionen eher beneiden und darüber hinaus oft glauben, sie müssten es ganz alleine schaffen.

Männer suchen in der Regel instinktiv die Nähe eines Mentors, Frauen meiden sie eher. Männer haben sozusagen ein Mentor-Such-Ritual, Frauen mehrheitlich nicht. Da dürfen wir uns nicht wundern, wenn es Männer im Beruf weiterbringen. Wir dürfen uns auch nicht wundern, warum es Frauen im Beruf so schwer haben: Acht Stunden am Tag fünfmal die Woche gegen Rituale anzukämpfen, die frau meist noch nicht einmal kennt, macht sehr, sehr müde. Was für eine Energieverschwendung ...

Dagmar ist 27 Jahre alt und stellvertretende Supportleiterin. Sie hat die Organisation des jährlichen Innendiensttreffens übernommen. Zwei Wochen vor dem großen Tag ist sie mit den Nerven am Ende: «Ich glaube, ich habe mich übernommen», stöhnt sie in der Kaffeepause eines Meetings. Die Kaufmännische Leiterin des Unternehmens nimmt sie beiseite und sagt: «Warum haben Sie nicht früher etwas gesagt? Ich habe zu meiner Zeit jahrelang diese Treffen organisiert. Ich weiß, wie viel Arbeit dahinter steckt. Ich habe mich sowieso schon gefragt, warum Sie mit Ihrem Talent und Ihrem Ehrgeiz nicht schon mal bei mir angeklopft haben. Wissen Sie, Sie müssen es sich nicht so schwer machen.» Dagmar meinte später darüber: «Ich kam mir ziemlich dämlich vor. Bis zu diesem Zeitpunkt war mir noch nicht mal der Gedanke gekommen, mich nach Unterstützung umzusehen.»

Dagmar leidet unter dem, was Transaktionsanalytiker den Antreiber «Be tough» nennen: «Du musst es alleine schaffen.» Viele Frauen im Beruf leiden unter diesem Antreiber. Sie verwechseln beruflichen Erfolg mit einer Ochsentour. Dieser unbewusste Stresstreiber verliert seine Macht über Sie, sobald Sie ihn sich bewusst machen.

Sie können es auch alleine schaffen. Aber es ist weder nötig noch sinnvoll noch besonders erfolgreich oder gar erfreulich.

Schauen Sie nicht immer auf die eigenen Fußspitzen. Schauen Sie sich um. Welche Mentorin wartet bereits auf

Sie? Überlassen Sie Ihr Mentoring nicht dem Zufall. Falls es etwas fremd und ungewohnt für Sie erscheint, liegt es lediglich daran, dass Mentoring zwar für Männer längst ein Ritual ist, für Frauen jedoch nicht. Freunden Sie sich mit dem neuen Ritual an. Überwinden Sie Ihre Scheu und schauen Sie sich aktiv nach einer geeigneten Mentorin um, ersatzweise nach einem Mentor.

4. Das Amazonen-Ritual

Es schafft Frauen, wenn sie es geschafft haben

Wenn Frauen den Aufstieg in Führungspositionen schaffen, feiert das die Presse gerne als Erfolg für die Frau schlechthin. Diese journalistische Euphorie lässt sich nur mit einem gerüttelt Maß Weltfremdheit erklären. Würden Journalisten mal mit einigen Frauen reden, die es angeblich «geschafft» haben, müsste man die Hälfte der vorgeblichen Erfolgsstorys einstampfen. Wenn ich mit frisch beförderten Frauen spreche, nehmen die Klagen kein Ende. Eine der häufigsten Klagen lautet: «Jetzt bin ich schon seit Monaten Führungskraft – doch zu den Führungskräften gehöre ich noch immer nicht.»

Die meisten Frauen erleben in führender Position keine kollegiale Akzeptanz, ja noch nicht einmal schweigende Duldung – womit viele Frauen schon zufrieden wären. So gering ist inzwischen das Anspruchsniveau von Frauen in der modernen Arbeitswelt.

Frauen werden zwar befördert, aber danach nicht akzeptiert.

Nach dem Motto: «Wir befördern dich – schau selber, was du davon hast.» Deshalb erleben Frauen oft eine Mauer der Ablehnung. Die Männer lassen sie spüren: Du bist keine von uns. Alle Männer? Eine Bereichsleiterin sagt: «Es gibt auch reife Männer, die sich von einer Frau in führender Position nicht bedroht fühlen – doch die sind rar.» Viele Frauen sagen auch: «Mit einer direkten Diskriminierung könnte ich noch umgehen. Da weiß man wenigstens, wogegen man kämpft.» Doch die Ablehnung der Männer geschieht viel sublimer, indirekter und subtiler.

Emanzidötchen

Susanne berichtet: «Wenn ich irgendwo in der Firma unterwegs bin und in ein Büro oder in die Kaffeeküche komme, wo sich Männer miteinander unterhalten, läuft immer dasselbe Ritual ab. Kaum bin ich drei Schritte im Raum, entsteht eine Stille, Blicke werden getauscht – und dann wird das Thema gewechselt. Das ist zwar nur eine kleine Geste der Ausgrenzung. Doch wenn man das dutzendmal am Tag erlebt, fühlt man sich am Abend wie eine Unberührbare. Männer müssen nicht mit dieser Ausgrenzung leben.»

Wenn etwas so oft, regelmäßig und in immer derselben Form passiert, liegt ein Ritual vor.

Die Ausgrenzung der Frau am Arbeitsplatz ist kein bedauerlicher Missstand, sondern ein Männerritual.

Deshalb nützt es nichts, wenn Frauenbeauftragte, Politikerinnen oder sogar Topmanager fordern, dass Frauen in Führungspositionen «besser integriert» werden sollten. Natürlich nickt jedermann daraufhin – mann ist schließlich kein Unmensch. Dann dreht mann sich um, geht in die Kaffeeecke und grenzt beim nächsten Kaffeeplausch die hinzukommende Kollegin aus. Wissen Politiker es nicht? Rituale sind mächtiger als Appelle an die menschliche Vernunft. Rituale sind stärker als jede Vernunft. Rituale sind mächtiger als Politik.

Verbiegen bringt nichts

Jede Frau spürt die Ausgrenzung. Weil die meisten das dahinter stehende Ritual jedoch nicht erkennen, versuchen vor allem junge Business-Hexen mit Nachdruck und manchmal einem Anflug von Verzweiflung, irgendwie doch dazuzugehören.

Selbst wenn Sie sich total verbiegen – Sie werden nie «dazu»gehören. Also lassen Sie's einfach.

Es gibt eine Ausnahme, die manchmal funktionieren kann: Wenn Sie sich eben nicht verbiegen müssen, um bei den typischen Männerthemen (Spitzensport, Angeberstorys, Frauen) mitzureden, wenn Sie dabei wie ein Mann reden können, werden Sie manchmal akzeptiert – als Mann, nie als Frau. Oder wie ein Abteilungsleiter mal sagte: «Die Sylvia redet wie ein Kerl. Die lacht über jeden dreckigen Witz.» Wenn Sylvia es gut findet, wie ein Kerl behandelt zu werden, ist es gut. Findet sie es nicht gut, sollte sie da raus – so schnell wie möglich. Denn es macht auf Dauer kaputt.

Frauen können nicht auf Dauer wie Männer leben, ohne Schaden zu nehmen. Umgekehrt gilt übrigens dasselbe, wird aber bezeichnenderweise nie diskutiert. Männer verbiegen sich nicht (was manchmal echt schade ist).

Bleib bei deinem Stamm

Sie werden nie dazugehören, also lassen Sie die Anbiederei. Heißt das, dass Sie resignieren sollen? Nein. Auch das ist keine Lösung. Die gute Botschaft ist: Da Integrationsversuche Ihrerseits von vornherein zum Scheitern verurteilt sind, müssen Sie's erst gar nicht mühsam, zeit- und nervenraubend probieren. Sie können es gleich bleiben lassen und etwas Besseres tun: Starten Sie Ihr eigenes Ritual.

Ladys' Ritual: Bleib bei deinem Stamm!

Männer und Frauen sind nun mal verschieden, also brauchen sie auch unterschiedliche Rituale. Wenn Sie einen neuen Job oder eine Führungsposition antreten:

- Versuchen Sie nicht krampfhaft, Anschluss an den falschen Stamm zu finden.
- Versuchen Sie lieber, Anschluss an den Stamm der Amazonen zu bekommen – das ist Ihr Stamm.
- Stellen Sie sich bei Ihrem Stamm vor, machen Sie den üblichen Initiationsritus mit, werden Sie mit den anderen Amazonen warm und bauen Sie Beziehungen zu ihnen auf.
- Lassen Sie die Männer nicht links liegen, sondern praktizieren Sie friedliche Koexistenz: leben und leben lassen. Nach dem Motto: «Ihr macht das auf eure und wir auf unsere Weise.»

Die Geschlechtertrennung

Bleiben Sie bei Ihrem Stamm. Das dürfen Sie durchaus als Geschlechtertrennung auffassen. Diese Trennung ist sinnvoll und begründet. Wie jede und jeder weiß, können Frauen sich zum Beispiel nur unter Frauen richtig erholen, Männer nur unter Männern. Deshalb quatscht ein Mann mit seinen Kumpels, wenn er Sorgen hat. Frauen gehen zur besten Freundin, wenn sie etwas zu bereden haben.

Das hat jahrhundertelang gut funktioniert und ist nur in den letzten dreißig Jahren politisch denunziert worden. Seit dieser Zeit gilt es als politisch korrekt, wenn Männer und Frauen gleich behandelt werden. Das ist modern, gerecht und fördert die Gleichheit – angeblich.

In Wahrheit ist es der größte Quatsch. Ein Quatsch, der noch nicht einmal eine gesetzliche Grundlage hat. Im deutschen Grundgesetz beispielsweise steht ganz klar (Artikel 3), dass Gleiches gleich und Ungleiches gemäß seiner Ungleichheit ungleich behandelt werden soll – und kein Verfassungsrichter der Welt wird behaupten wollen, dass Männer und Frauen gleich seien. Sie haben laut Grundgesetz die gleichen Rechte, aber sie sind in ihrem Wesen nicht gleich. Also warum sollen Männer mit Frauen reden müssen, wenn diese ganz andere Themen bevorzugen? Das wäre für Männer wie für Frauen Nötigung.

Bleiben Sie bei der Arbeit in Ihrer Frauengruppe. Da müssen Sie sich nicht verbiegen, da können Sie Frau bleiben. Arbeiten, reden, planen, organisieren, entscheiden und controllen Sie gemeinsam mit Männern, aber versuchen Sie nicht, in den Männerstamm aufgenommen zu werden. Das haut nicht hin. Das kostet beide Seiten nur Zeit und Nerven.

Suchen Sie keinen Anschluss an den Männerstamm, hängen Sie nach Feierabend nicht mit den Jungs ab. Erinnern Sie sich daran, wo Ihre geistige Heimat ist. Dann fühlen Sie sich unter Männern nicht länger als ungeliebte Asylantin.

Warum suchen Frauen oft jahrelang und vergebens nach Anschluss an den Männerstamm? Weil Frauen im Business immer noch sehr einsam sind und es auch in den nächsten Jahren, zumindest in Europa, bleiben werden.

Das Stammes-Paradoxon: Wenn eine Frau Anschluss an einen Stamm sucht, in den sie nie so richtig aufgenommen wird, bleibt sie einsam. Gibt sie den vergeblichen Versuch auf, fühlt sie sich schon bald nicht mehr einsam.

Die praktischen Erfahrungen

Sobald Frauen nicht mehr dem Stamm der Männer hinterherhecheln, sondern bei ihrem Stamm bleiben – so klein er in Führungspositionen auch sein mag –, berichten sie von einer zuvor ungekannten Gelassenheit: «Ich bleibe auf meiner und die Männer auf ihrer Seite – seither geht es mir gut.» «Die Männer gehen irgendwie netter mit mir um.» Logisch, die sind nämlich heilfroh, dass sie nicht ständig von einer Stammesfremden belagert werden und dauernd das Thema wechseln müssen.

Männer finden es nervig, wenn Frauen im Männerkreis

mitreden wollen und eben wenig Männliches zu den Themen Autos, Frauen und Geld beizutragen haben. Sie reagieren entsprechend: Sobald die eingedrungene Frau den Mund aufmacht, schauen sie leer, stellen auf Durchzug und flüchten schnell in einen Kontext, wo sie wieder unter sich sein können. Wie eine Projektleiterin es ausdrückt: «Man muss die Männer auch mal in Ruhe lassen, dann kann man viel besser mit ihnen zusammenarbeiten.»

> Vor allem einige Emanzen glauben, dass die Geschlechtertrennung zu tiefen Gräben zwischen Männern und Frauen führt. Das Gegenteil ist der Fall: Lässt man sich gegenseitig so sein, wie man ist, kommen Mann und Frau viel besser miteinander klar.

Eigentlich logisch, nicht? Was gut für Männer ist, ist nicht gut für Frauen. Männer gehen nun mal gerne in die gemischte Sauna (und Frauen nicht) oder tratschen über Autos, Sport, Frauen, Geld und Technik. Frauen haben ganz andere Themen. Männer protzen gerne, Frauen nicht. Männer nehmen sich für ihr Leben gerne gegenseitig auf die Schippe – Frauen verstehen das nicht und finden das verletzend. Also warum um alles in der Welt sollte eine Frau um Aufnahme in den Männerstamm nachsuchen? Das ergibt keinen Sinn.

Bedenken wir vor allem eines: Privat bleiben Männer und Frauen doch auch zu den typischen Anlässen unter sich. Das Kaffeekränzchen ist typisch weiblich, ebenso wie der Spielplatztreff der Mütter (von dem die meisten Männer noch nicht einmal etwas gehört haben).

Den Einkaufsbummel macht frau mit der besten Freundin – wir wissen doch, wie ungern Männer einkaufsbummeln. Sie denken, dass der Einkauf zum Einkaufen da ist.

Für Frauen ist das Einkaufen beim Einkauf eher Nebenzweck und im Hauptzweck Stammesritual der Geselligkeitspflege. Die Wellnesstage im Hotel macht frau mit der besten Freundin und nicht mit – Gott bewahre – dem eigenen Partner. Warum wohl ist Girls' Night Out oder Ladys' Night gastronomisch in aller Herren Länder ein Renner? Warum gibt es keine gemischten Junggesellenabende? Das hat alles seine guten Gründe. Ignoriert frau oder mann diese Gründe, gibt es Ärger.

Privat und gesellschaftlich vergnügen, erholen und beschäftigen sich Männer und Frauen seit Jahrhunderten getrennt – warum sollte das ausgerechnet bei der Arbeit anders sein?

Also genießen Sie die Geschlechtertrennung auch im Beruf. Übertragen Sie einfach Ihre privaten Gewohnheiten und Gefühle ins Berufliche. Darauf kommt frau zwar auf Anhieb selten, doch diese einfache Lösung drängt sich förmlich auf, nicht wahr?

Frauen erholen sich nur unter Frauen

Wohin gehen Sie, wenn Sie sich erholen, unter Freunden relaxen, die Seele baumeln lassen, auftanken, sich prima unterhalten wollen? In unseren Seminaren haben viele Frauen ein richtiges Aha-Erlebnis bei dieser Frage. Die meisten antworten spontan: «Zur besten Freundin» oder «Mit den Mädels». Warum nicht zum Beziehungspartner? Weil das eben nicht so gut funktioniert. Viele sagen sogar: «Es ist zwar nicht direkt stressig mit ihm, aber so richtig erholsam ist es auch nicht.»

Viele Frauen verlieren bei dieser Erkenntnis mit einem Schlag ein jahrelanges schlechtes Gewissen: «Ich muss kein schlechtes Gewissen haben, wenn ich mit den Mädels durch die Museen oder Dichterlesungen ziehe. Dabei erhole ich mich, und das steht mir zu.»

Für viele ändert sich auch völlig die Perspektive auf die eigene Beziehung, vor allem die Erwartungen an den Partner: Wenn ich mich erholen muss, brauche ich einfach meine Freundinnen, dann hat er mal Pause (er bedankt sich dafür).

Je mehr Frauen unter sich bleiben, desto mehr bleiben sie bei sich und finden wieder zu sich.

Frauen schöpfen unter Frauen neue Kraft.

Bei Männern ist das übrigens analog. Natürlich gibt es Ausnahmen. Doch die sind so selten, dass man darüber Hollywoodfilme macht («Harry and Sally», zum Beispiel).

Der Frauentisch

Im Privaten funktioniert das Amazonen-Ritual von alters her ganz gut. Je stärker Sie es auch ins Berufliche übertragen, desto besser fühlen Sie sich, und desto leichter fällt Ihnen die Arbeit und der Umgang mit den Kollegen. Frauen berichten:

«Wenn ich in der Kaffeeküche oder anderswo die Kollegen tratschen sehe, hole ich mir meinen Kaffee und verdufte wieder – und jedesmal ist der Eindruck mit Händen zu greifen, dass alle darüber sehr erleichtert sind. Das heißt nicht, dass ich nicht auch gern mit Kollegen über Kunden oder Chefs ablästere. Doch wenn die Jungs Männerthemen besprechen, lass ich ihnen das Vergnügen.»

«Wenn wir auf Tagung oder auf Messe sind, machen inzwischen die Frauen abends etwas anderes als die Männer. Und das tut beiden gut. An einem Abend unternehmen wir meist gemeinsam etwas. Doch an den restlichen macht jeder, was ihm Spaß macht. Natürlich lästern die Männer oft: Was wollt ihr denn auf einer Dalí-Ausstellung? Da ist doch nix los. Doch wenn wir mit ihnen in den Nachtklub gehen würden, wäre ihnen das sicher unangenehm.»

Wo das Amazonen-Ritual noch nicht so toll klappt: am Mittagstisch. Da man morgens miteinander arbeitet, denken viele noch, dass man mittags auch gemeinsam am Mittagstisch Platz nehmen sollte. Die Gespräche, die sich dabei entwickeln, sind für beide Seiten etwas mühselig und gezwungen. Wenn Frauen unter sich sitzen, reden und fühlen sie sich anders dabei (dito die Männer). Also sollten sie es auch.

Machen Sie einen Frauentisch auf oder gesellen Sie sich zu den Frauen, die schon einen Frauentisch haben. Natürlich kann Ihnen dabei die Hierarchie dazwischenkommen: Als Abteilungsleiterin setzt frau sich nicht immer gerne zur Lagerarbeiterin – nicht wegen der Berührungsängste, sondern weil die Lagerarbeiterin möglicherweise in Ihnen nicht die Frau, sondern eine Vorgesetzte sieht. Doch der Frauentisch muss überhaupt nicht groß sein, damit er seinen Zweck erfüllt.

Ruth erzählt: «Ich mag nicht mit den Kollegen essen, weil ich da nie so richtig dazugehöre. Allein mag ich auch nicht sitzen. Doch außer mir gibt es kaum weibliche Führungskräfte in der Firma. Also habe ich irgendwann die Sekretärin des Geschäftsführers gefragt, ob ich bei ihr Platz nehmen kann. Sie ist etwas älter als ich und schon viel länger im Betrieb. Wir haben gleich gut zusammengepasst. Jedenfalls fühle ich an ihrem Tisch, dass ich ganz selbstverständlich dazugehöre.» Und allein darauf kommt es an.

Emanzidötchen

Babette ist Finanzdirektorin bei einer deutschen US-Tochter. Sie verwaltet unter anderem Zehntausende Quadratmeter Bürofläche und Hunderte von Gebäuden. Sie ist die einzige Frau unter neun Abteilungsleitern. Jedes Businesskonzept muss von diesem neunköpfigen Gremium abgesegnet werden.

Babette berichtet: «Als die Kollegen ihre Konzepte vorstellten, saßen wir ganz normal im Sitzungsrund zusammen. Als ich mein Konzept vorstellen wollte, traf mich beim Betreten des Sitzungssaals fast der Schlag: Das Tischrund war aufgelöst. Vielmehr waren die Tische in einer langen Reihe aufgestellt. Acht Männer saßen mir gegenüber – und ich saß ganz allein auf der anderen Seite der Tischreihe. Ich fühlte mich wie vor dem Kriegsgericht. Ich war als Managerin in ihrem Kreis nur geduldet, und bei dieser Gelegenheit schmierten sie mir dick aufs Brot, dass ich nicht zu ihnen gehöre und ganz allein auf meiner Seite bin.»

Stolze Amazonen

In der Antike waren Amazonen gefürchtet. Wer Homers Sagen gelesen hat, weiß, dass selbst Herakles, Halbgott und Held, episodenweise ganz schön alt gegen die streithaften Kriegerinnen aussah. Noch vor Monaten wäre Babette wahrscheinlich nach ihrem «Tribunal» mit weichen Knien aus dem Meeting gegangen und hätte sich bitter darüber beklagt, dass sie nach fünf Jahren Konzernzugehörigkeit weniger «dazu»gehört als das Greenhorn von Jungmanager, das ihr beim Tribunal schräg gegenübersaß.

Doch da wir im Coaching kurz davor zufällig (es gibt keine Zufälle) vom Amazonen-Ritual gesprochen hatten, ließ sich Babette nicht nur nicht aus der Ruhe bringen, sie genoss das Ganze auch, wie sie in der darauf folgenden Coaching-Sitzung lächelnd bemerkte: «Noch bevor ich Platz genommen hatte, hatte ich das Ritual durchschaut. Die Männer übrigens nicht – das war der Clou daran. Denn die machten das total unbewusst. Die wollten mich einfach ausgrenzen und dann wahrscheinlich zugucken, wie ich heulend rauslaufe oder mich verkrampft rechtfertige. Und was habe ich getan? Ich bin darauf überhaupt nicht eingegangen. Ich habe denen zu verstehen gegeben: Ihr könnt mich nicht ausgrenzen. Denn erstens gehöre ich nicht zu eurem Stamm, und zweitens will ich überhaupt nicht dazugehören. Und jetzt gebt mir endlich grünes Licht für mein Konzept.»

Die Männer bemerkten zwar nicht, dass sie unbewusst dem Ruf ihres Rituals gefolgt waren. Doch sie merkten recht schnell, dass das Ritual bei Babette nicht funktionierte, sie spürten ihre Magie. Von einer Minute zur anderen brachen sie ihre Ausgrenzungsversuche ab – und genehmigten Babettes Konzept schneller, als sie manch anderes Konzept genehmigt hatten. Babette durchschaute das Ritual – deshalb hatte sie Spaß und Erfolg dabei.

Teil II:
Sprachrituale

5. Meeting-Rituale

Das Fußatmer-Ritual

Es ist erstaunlich, wie viel über Businessmeetings bereits geschrieben wurde, ohne «das Wesentliche eines Meetings zu beschreiben», wie mir unlängst eine Informatikerin bei einem IT-Unternehmen verriet: «Meetings sind dazu da, um Frauen vorzuführen.»

Aha, werden Sie sagen, jetzt weiß ich endlich, wozu diese zeitraubenden und ineffizienten Veranstaltungen eigentlich da sind. Spaß beiseite: Auf Meetings wird mit Frauen nach Strich und Faden Schlitten gefahren. Wenn man bedenkt, dass eine Führungskraft täglich mindestens ein Meeting leitet oder besucht, kann frau sich also schon allein durch den Meetingbesuch die Karriere verderben oder die Lust an der Arbeit verlieren – oder aber zufrieden und erfolgreich durch Meetings kommen, weil sie den Gegenzauber für Meeting-Rituale kennt. Ein besonders pikantes ist das Fußatmer-Ritual.

Beobachten Sie mal, was Männer und Frauen machen, wenn ein Meeting, eine Präsentation oder ein Vortrag zu Ende ist. Männer gehen danach zum vortragenden Alphamännchen und machen den Bückling: «Fantastisches Konzept. Überzeugende Zahlen. Hervorragende Marktchancen.» Was ist das? Offensichtlich ein Radfahrer-Ritual, ein Vorgang ritueller Unterwerfung. Der Vorgang tritt auch als gemeinschaftsbildendes Ritual auf: «Was Sie gesagt haben, sage ich schon lange.» – «Was Sie eben sagten – genau so läuft das bei uns in der Abteilung auch.»

Was machen Frauen dagegen nach einem Meeting? Sie schauen auf die Uhr: «Schon so spät? Ich muss schnell weiter, ich muss noch was Wichtiges erledigen.» Manche schauen auch unverhohlen abschätzig auf die schwanzwedelnden Männer: «Wie die dem Big Boss in den Hintern kriechen. Fußatmer. Und wer macht die eigentliche Arbeit? Ich natürlich.» Und Sie fragen sich, warum Männer eher befördert werden als Frauen, mehr Anerkennung bekommen, es leichter im Beruf haben?

Wer an Bückling-Ritualen teilnimmt, wird befördert und belohnt.

Die rituelle Belohnung

Wer sich dem Alphatier unterwirft, wird vom Alphatier belohnt. Direkt oder indirekt. Das ist Ritual. Wer nicht mitmacht, wird zwar nicht bestraft – aber belohnt jedenfalls auch nicht. Das trifft übrigens auf Männer wie Frauen gleichermaßen zu. Jedoch: Kaum ein Mann entzieht sich diesem Ritual.

Wer einige Male dem Alphatier gehuldigt hat, dessen Name wird dem Alphatier zum Begriff, der wird auch plötzlich im Old Boys' Network als «hoffnungsvoller Kandidat» gehandelt. Der kriegt die guten Kunden, Projekte, Aufträge und Posten zugeschanzt. Er bekommt Anerkennung auch für zweifelhafte Leistungen. Frauen denken immer noch: «Wenn ich gute Leistungen zeige, werde ich auch anerkannt.» Ein tragischer Irrtum. Nicht Leistung ist für Anerkennung ausschlaggebend, sondern Rituale. Business-Hexen wissen das.

Männer spielen nicht das Ritual: «Wer Leistung zeigt, bekommt Anerkennung.» Sie spielen das Ritual: «Wer ein bisschen Leistung und viel unterwürfige Präsenz zeigt, bekommt mehr Anerkennung als jemand, der viel leistet und wenig präsent ist.»

Das ist noch nicht mal böse oder diskriminierend gemeint. Würden Sie jemanden belohnen oder befördern, der auf

Ihre Rituale pfeift, sich ständig außerhalb der Gemeinschaft hält?

Deshalb werden Frauen bei Anerkennung, guten Jobs und Beförderungen übergangen, auch wenn sie viel fachkompetenter sind oder länger in der Firma: Sie haben zu wenige rituelle Handlungen mitgemacht. Das macht suspekt. Erstaunlich daran ist, dass Frauen dieser rituelle Aspekt durchaus auffällt (er sticht ja auch wirklich ins Auge). So sagte mir eine Gruppenleiterin: «Männer zeigen in Meetings geradezu ein höfisches Verhalten. Die Vasallen machen den Bückling vor dem Fürsten.» Wenn Ihnen das auch schon aufgefallen ist, sollten Sie dann nicht was daraus machen?

Das Charme-Ritual

Die meisten Frauen reagieren entsetzt bei dem Gedanken ans Fußatmer-Ritual: «Igitt, muss ich jetzt etwa wie die Kollegen dem Alphamännchen in den Hintern kriechen?» Wer sagt das denn? Sie wissen doch:

Frauen haben ihre Rituale, Männer haben ihre Rituale. Frauen sollten keine Männerrituale übernehmen.

Es sei denn, sie fühlen sich wohl als Mann. Ansonsten gilt: Kreieren Sie Ihre eigenen Rituale. Besser noch: Besinnen Sie sich auf die Rituale der Frauen. Männerrituale funktionieren einfach nicht bei Frauen. Stellen Sie sich vor, wie eine Frau dem Alphatier in den Hintern kriecht – das wirkt lächerlich, ja abstoßend, selbst auf das Alphatier.

Frauen haben da ein viel eleganteres Ritual, einen eigenen unüberwindlichen Zauber: Sie sind charmant. Dieser Zauber ist überlegen: Frauen können viel charmanter sein als Männer.

Der Transfer aus dem Privaten

Privat sind die meisten Frauen bei gewissen Anlässen ausgesprochen charmant, eben zauberhaft. Wenn zum Beispiel Männe die Garage streicht, dabei dreimal von der Leiter fällt, keine gerade Linie hinbekommt und zweimal überstreichen muss, dann haut sie ihm nicht seine handwerkliche Dilettanz um die Ohren, sondern sagt charmant: «Toll hast du das gemacht, Schatz.»

Er grinst verzaubert wie ein Schulbub. Oder wie eine frisch Vermählte nach einer dieser Katastrophenaktionen ihres holden Gatten mit bewunderndem Augenaufschlag meinte: «Ich hätte nie gedacht, dass ein Badschränkchen so viel Dreck und Arbeit macht.» Der Gatte blähte stolz die Brust.

Wenn dieser Zauber privat so gut klappt, warum möchten Sie dann Ihrem Boss diese charmante Art der Verständigung vorenthalten? Sie haben Ihre Gründe? Damit sind Sie nicht allein.

Frauen und Eigen-PR

Ich habe noch keine Frau in einer Führungsposition getroffen, die nicht eingeräumt hätte: «Wenn es um Eigen-PR geht, machen Frauen vieles falsch.» Keine Frau, mit der ich sprach, hätte bestreiten wollen, dass das Ende eines Meetings eine der besten Möglichkeiten ist, sich mit wenigen charmanten Worten ins rechte Licht zu rücken, etwas rituellen Charme zu verbreiten und wenigstens dafür zu sorgen, dass der Angesprochene ihren Namen behält. Doch trotz dieses Wissens tun's viele nicht. Warum nicht?

Ein Hinderungsgrund ist ein schlichtes Missverständnis: «Diese Schleimerei liegt mir nicht.» Klar doch, logisch. Wem läge so was denn schon? Das ist auch nicht verlangt.

Schleimen Sie nicht. Das ist eklig und überdies wirkungslos. Seien Sie charmant. Das können Sie, das liegt Ihnen – und das funktioniert vor allem.

Wenn ein Mann dem Alphatier charmant kommen würde, würden sich dem Big Boss die Nackenhaare aufstellen. Charme funktioniert eben nur bei Frauen. Jedes Geschlecht hat seine eigenen Rituale: Bleiben Sie bei Frauenritualen.

Es gibt noch einen Grund, charmant zu sein: Wenn jemand einen Vortrag oder eine Präsentation hält, ist es unhöflich und nicht nett, nach dem Schlusswort aus dem Saal zu sprinten. Was soll man denn von Ihnen denken? Wie würden Sie das finden, wenn nach Ihrer Präsentation alle aus dem Saal stürmen würden? Geben Sie Feedback. Und wenn Sie schon dabei sind, können Sie das Feedback auch gleich charmant formulieren. Damit der andere auch etwas davon hat.

Frauen arbeiten, Männer lassen arbeiten

Ein zweiter Hinderungsgrund für weibliche Eigen-PR ist der erstaunliche Umstand, dass Frauen nach Meetings tatsächlich schnellstmöglich wieder etwas arbeiten wollen (Männer offensichtlich nicht). Deshalb hasten sie mit Blick auf die Uhr zur Tür. Denn: «Die eigentliche Arbeit ist doch wichtiger als diese Schöntuerei.» Stimmt. Und nun überlegen Sie mal, wie lange Ihre eigentliche Arbeit leiden muss, wenn Sie nach dem Meeting einen kurzen Abstecher zum Alphatier machen. Fünf Minuten? Das ist schon hoch gegriffen.

Eigen-PR nach Meetings ist eine Sache von zwei, drei Minuten.

Sie lächeln freundlich, bringen Ihre ein, zwei Sätze (nicht mehr) Feedback unter, sagen vielleicht noch etwas zur Erwiderung Ihres Gegenübers, dann schweigen Sie und driften unauffällig in den Hintergrund, während die Männer um Sie herum kräftig Demutsrituale abspulen. Fertig. Aus. Hat keine zwei Minuten gedauert. Diese zwei Minuten tun Ihrer eigentlichen, wirklich wichtigen Arbeit keinen Abbruch. Diese zwei Minuten holen Sie locker wieder auf. Vor allem: In diesen zwei Minuten haben Sie es beruflich weiter gebracht als mit zwei Monaten harter Arbeit, die wieder kein Schwein zu schätzen weiß, weil Sie in den Augen Ihrer Vorgesetzten zwar eine brave Arbeiterin, aber sonst gesichtslos unauffällig sind.

Wenn Sie ins nächste Meeting (Präsentation, Vortrag) gehen, planen Sie runde fünf Minuten für «Socializing» ein: Charme anstellen, Feedback geben, sehen und gesehen werden.

Wie wichtig sind Sie sich?

Sie spüren bei dem Gedanken an Eigen-PR immer noch eine gewisse innere Hemmung? Dann leiden Sie womöglich unter dem Alles-andere-ist-wichtiger-als-ich-Syndrom. Viele Frauen denken zuerst an die Arbeit, dann an die Wünsche ihres Chefs und dann an die der Kollegen. In einer ruhigen Minute (falls vorhanden) denken sie dann auch mal an sich. Das sind meist die Minuten, in denen Sätze fallen wie: «Meine Eigen-PR stinkt.»

Bitte nehmen Sie sich eine Minute Zeit und rücken Sie Ihre Prioritäten, Ihre Werte zurecht: Sollten Sie selbst nicht mindestens genauso wichtig sein wie Ihre Arbeit?

Janet Jackson sagte in einem Interview mit Elke Heidenreich auf die Frage, ob ihr Freund der wichtigste Mensch in ihrem Leben sei: «Ich möchte nicht anmaßend klingen, doch der wichtigste Mensch in meinem Leben bin ich.» Wenn sie sich nicht um sich selbst kümmere, dann dürfe sie das auch nicht von anderen erwarten. Eine kluge Frau – und unglaublich mutig, das öffentlich zu sagen. Denn dafür wird man als Frau auch noch im 21. Jahrhundert publizistisch gesteinigt. Dabei ist die Wahrheit dahinter offensichtlich:

Wenn Ihnen Ihre Arbeit auf Dauer wesentlich wichtiger ist als Sie selbst, Ihr berufliches Vorwärtskommen, Ihre verdiente Anerkennung, Ihre Zufriedenheit im Job und Ihre mentale und körperliche Gesundheit, werden Sie nie das bekommen, was Sie erwarten und verdienen.

Es kann nicht sein, dass frau sich einerseits über die Diskriminierung im Beruf beklagt und andererseits sich selbst immer wieder der Arbeit opfert (auch das ist Diskriminierung). Da stimmt etwas nicht. Bringen Sie es in Ordnung. Das ist meist eine Sache von wenigen Minuten: Was ist Ihnen wirklich wichtig? Wenn die Antwort darauf lautet: «Meine Arbeit, meine Mitarbeiter, meine Kunden und das Unternehmen», dann ist das in Ordnung und Sie müssen sich nie wieder Gedanken um Eigen-PR machen – das kann sehr befreiend sein.

Wenn Sie dagegen sagen: «Die Arbeit ist mir wichtig, doch Anerkennung und Zufriedenheit im Beruf sind mir auch wichtig», dann müssen Sie sich das nur oft genug selbst innerlich vorsagen, bis Sie sich irgendwann selbst die Erlaubnis geben, Eigen-PR zu machen und sich die Anerkennung zu holen, die Ihnen zusteht. Falls Sie sich fragen, wie frau denn am Ende einer Präsentation charmant Feedback gibt, fragen Sie Susanne.

Susanne erzählt: «Während die Kollegen um mich herum nach einer Präsentation dem hohen Tier in den Hintern kriechen, gebe ich einfach nur Feedback zu dem, was mich persönlich angesprochen hat. Auch wenn ich manchmal suchen muss, finde ich immer etwas Interessantes. Das drücke ich dann mit einem freundlichen Lächeln ganz sachlich aus, zum Beispiel: ‹Was Sie über die Marktforschung gesagt haben, werde ich gleich bei unserer laufenden Kampagne ausprobieren. Das erleichtert uns doch manches.› Am Anfang dachte ich, das geht in der Lobhudelei der anderen glatt unter. Ich habe die Erfahrung gemacht, dass das Gegenteil der Fall ist. Dem Alphatier ist es oft peinlich, wie offen ihm Honig ums Maul geschmiert wird. Gute Alphatiere schätzen ein ehrliches, sachliches Feedback.» Ehrliches Feedback ist ein starker Zauber guter Business-Hexen.

Das Betatier-Ritual

Eines der bizarrsten Business-Rituale ist das Betatier-Ritual: Wenn eine Frau im Meeting einen Vorschlag macht, geht ihr mit schöner Regelmäßigkeit ein Betamännchen in vorauseilendem Gehorsam verbal an die Gurgel (die Jagdmetapher ist durchaus zutreffend): «Liebe Kollegin, das haben wir doch alles schon probiert, das funktioniert einfach nicht.»

Das Betatier ist nicht der Ranghöchste im Rudel, sondern ein rangniederes Männchen mit Ambitionen auf Anerkennung durch das Alphatier. Er möchte beim Big Boss Eindruck schinden, indem er quasi ein Weibchen erlegt und ihm die Beute rituell zu Füßen legt. Sie finden die Formulierung etwas martialisch? Nun, Sie sollten mal zuhören, wenn Männer von solchen Jagdausflügen berichten.

Rhetorisch geschieht das Zupacken meist technisch versiert: «Liebe Kollegin, Sie haben die falschen Zahlen erwischt. Nach der neuesten Controlling-Liste ...» Auch sehr beliebt: Mann kapriziert sich auf ein winziges zweifelhaftes Detail des Vorschlags der Kollegin und bläst dieses dann so auf, dass die komplette Idee diskreditiert wird.

Eine Controllerin brachte es auf den Punkt: «Ich komme nicht dazu, auch nur einen Satz zu Ende zu reden. Dauernd werde ich unterbrochen. Wenn dagegen ein Kollege den größten Mist verzapft, darf er ungestört minutenlang langweilen.»

Eine andere sagt: «Sobald ich mich zu Wort melde, schauen die Männer sich mit diesem Blick an: Die schon wieder.» Wieder eine andere berichtet: «Ich werde selbst für tadellose Vorschläge kritisiert. Wenn ein Mann dagegen Unsinn erzählt, grätscht keiner dazwischen. Eine Krähe hackt der anderen eben kein Auge aus.»

Gelten Frauen nichts in Meetings? Doch, durchaus. Sie eignen sich jedoch aus Sicht eifriger Betatiere ideal als rituelles Opfer. Man male sich die bislang ungeschriebene «Bild»-Schlagzeile aus: «Frauenopfer im Management». So verquer das klingt: Wenn eine Frau im Meeting rituell geopfert wird, ist das nicht persönlich gemeint. Das Betatier braucht lediglich etwas zum Opfern – da kommt ihm die Außenseiterin in der Runde gerade recht. Sie finden das empörend?

Empörung hilft nicht wirklich

Viele Frauen halten es für eine Riesensauerei, dass mann ihnen ständig ins Wort fällt, dabei aber selber einen Mordsblödsinn erzählt. Sie empören sich, verteidigen und rechtfertigen sich, bestehen auf ihrem Rederecht, appellieren an die Spielregeln («Ausreden lassen!») oder werden ebenfalls verbal unfair und unfein. Hat das bei Ihnen jemals funktioniert?

Wahrscheinlich nicht nachhaltig und zufrieden stellend. Warum nicht? Weil Appelle und Empörung das eifrige Betatier nicht von seinem Opferkoller abbringen können. Wenn ein Hund, mann entschuldige den Vergleich, einmal seinen Knochen zwischen den Zähnen hat, gibt er ihn nicht wieder her.

Das ist gemein und unfair? Das ist unzivilisiert? Ganz sicher. Das müsste man Männern schleunigst abgewöhnen? Das ganz sicher nicht. Denn Rituale sind gegen Erziehungsversuche diesseits des Elektroschocks immun – deshalb haben sie sich so viele Jahrhunderte gehalten. Die funktionierende Lösung liegt viel näher und ist auch viel weniger anstrengend als ein Erziehungsversuch: Wenn Fiffi seinen Knochen nicht hergeben mag, lassen Sie ihm doch die Freude ...

Das Kalte-Schulter-Ritual

Ingrid meint: «Wenn mich im Meeting ein Betamännchen angreift, überhöre ich das glatt. Das ist einfach unter meinem Niveau.» Allein schon an diesem Satz können Sie viel über Ingrid erfahren. Sie ist eine Businesslady, die, wie es ein Kollege neidlos anerkennt, «es nicht mit sich machen lässt.»

Wenn ein Betamännchen Sie zum Opfer auserkoren hat und attackiert, ignorieren Sie es einfach.

Warum fällt das vielen Frauen so schwer? Weil sie einem emotionalen Kniesehnenreflex erliegen: Sie nehmen's persönlich.

Wenn Sie im Business von einem Mann angegangen werden, ist das Dümmste, was Sie tun können, es persönlich zu nehmen.

Zugegeben, das ist ein Umlernprozess. Doch viele Frauen durchlaufen ihn äußerst erfolgreich. Sie sagen sich bei männlichen Verbalübergriffen immer und immer wieder: «Nicht ich bin gemeint. Hier läuft lediglich ein Ritual ab.» Selbst der angreifende Mann wäre erstaunt, wenn er wüsste, dass Sie seinen Angriff persönlich nehmen.

Wenn Sie im Meeting etwas sagen möchten, sprechen Sie dabei das Alphatier an, erwarten Sie sein Feedback und nehmen Sie es entgegen. Wenn im Hintergrund ein Betatier kläfft, ignorieren Sie das Störgeräusch. Betatiere sind im normalen Leben vielleicht ganz liebe Kollegen. Doch wenn sie die Betatier-Tollwut packt, sollten Sie sie einfach ignorieren. Für Ihre Arbeit, Ihre Zufriedenheit und Ihren Erfolg ist im Meeting ohnehin nur das Alphatier interessant. Konzentrieren Sie sich auf ihn.

Wenn ein Betatier kläfft, ignorieren Sie das erste Kläffen – beim zweiten gibt's den freundlichen Klaps auf die Schnauze.

Manche Betatiere sind wie junge Hunde: Sie lernen etwas langsam. Viele Kollegen geben's einfach auf, wenn Sie sie ignorieren. Andere haben eine etwas längere Leitung. Sie bellen und bellen. Beim zweiten Bellen zeigen Sie ihnen nicht länger nonverbal, sondern verbal die kalte Schulter, am besten mit Witz und Charme:

- «Lieber Kollege, das Argument wird davon nicht besser, dass Sie es wiederholen.»
- «Wollen wir hier wirklich eine Grundsatzdiskussion starten? Oder wollen wir lieber bei den Fakten bleiben?»
- «Möglicherweise hatten Sie einfach nicht die Zeit, die neuesten Zahlen anzuschauen.»
- «Da haben Sie etwas missverstanden. Wir können das im Anschluss gerne klären.»

Egal, was Sie erwidern, die Botschaft dahinter muss klar sein: «Ich durchschaue dein Betatier-Gehabe und zeige dir die kalte Schulter.» Kommt die Botschaft klar genug rüber, gibt jeder Rüde irgendwann das Kläffen auf.

Was hinter Opferritualen steckt

Vielen Frauen, die sich mit dem Betatier-Ritual auseinander setzen, fällt auf: «Betamännern geht es in Meetings offensichtlich um Opfer, Macht, Eigen-PR und Einschmeicheleien. Dabei sollte es doch um die Sache gehen.» Vorsicht, das ist eine Wertung.

Männern geht es tendenziell um Macht, Frauen um Sache und Beziehung.

Das heißt nicht, dass das eine schlecht und das andere gut wäre. Das heißt lediglich, dass Männer und Frauen unterschiedliche Interessen haben. Natürlich bringt Machtbesessenheit die Sache (oft, nicht immer) nicht weiter. Doch das ändert nichts daran, dass beide Interessen immer noch Interessen sind – und jeder Mensch hat ein Recht auf Interessen. Es sind sogar ritualisierte Interessen. Sie zu verurteilen ist keine konstruktive Art, damit umzugehen, eher im Gegenteil: Verurteilungen verschlimmern jede Situation.

Männer pflegen das Ritual «Erst die Macht, dann die Sache». Frauen pflegen das Ritual «In der Sache voran, aber bitte beziehungsfreundlich». Beide Rituale sind an sich weder gut noch schlecht, sondern einfach nur das: Rituale. Begehen Sie nicht den Irrtum, ein fremdes Ritual zu verurteilen, nur weil Sie ein anderes Ritual haben.

Halten Sie Ihre Rituale nicht für die einzig richtigen (nur Chauvis tun so etwas), versuchen Sie nicht, andere dazu zu bekehren. Bekämpfen Sie fremde Rituale nicht, nehmen Sie sie auf keinen Fall persönlich, sondern erkennen Sie sie und gehen Sie konstruktiv damit um.

Es ist einigermaßen paradox, die persönlichen Äußerungen einer Person nicht persönlich zu nehmen. Doch hinter dieser Paradoxie steckt ein Geheimnis jeder guten Kommunikation und jeder guten Beziehung: Wenn Sie alles persönlich nehmen würden, was Ihr aktueller Partner manchmal so von sich gibt, hätten Sie ihm sicher schon den Laufpass gegeben. Eine kluge Frau weiß, wann man persönlich werden darf und wann man ihm sein rituelles Spielzeug lassen sollte.

6. Das Ja-aber-Ritual

Männer widersprechen Frauen

Frauen werden im Business und vor allem in der Führung mit Problemen konfrontiert, mit denen Männer nicht belästigt werden. Eines dieser Probleme ist der permanente Widerspruch, den eine Businesslady von Seiten der Männer erfährt.

> Eine Abteilungsleiterin berichtet: «Egal, was ich zu Kollegen oder Mitarbeitern oder Vorgesetzten sage, ob es Vorschläge oder eine einfache Rückmeldung ist – das Erste, was ich darauf höre, ist Widerspruch.» Am häufigsten in der Ja-aber-Form: «Herr Meier, Sie sollten die Mailingadressen nachfassen.» – «Ja, schon, aber muss das ausgerechnet jetzt sein?»

«Typisch Mann», denken sich viele Frauen, «der kann einfach nicht akzeptieren, dass ich auch etwas zu sagen habe.» In der Regel empfinden Frauen diesen ritualisierten Widerspruch als frauenfeindlich. Viele empfinden das Aber als verbale Ohrfeige. Vor allem, wenn das Aber einer Anerkennung folgt: «Frau Meier, das haben Sie gut gemacht. Aber Sie hätten ruhig noch etwas mehr Hintergrundinfo geben können.»

Warum Frauen keine Anerkennung erhalten

Das Ja-aber-Ritual erklärt, weshalb Businessladys so oft über einen eklatanten Mangel an beruflicher Anerkennung klagen. Eine Fertigungsassistentin drückt es aus: «Wenn dem Lob gleich ein Aber folgt, merke ich doch sofort: Das Lob war gelogen.» Zumindest entwertet das Aber die Anerkennung. Frau nimmt es dem Mann nicht ab, dass er es ehrlich meint. Männer loben scheinbar nach dem Motto: «Wenn mann eine Frau schon loben muss, dann aber so, dass sie nichts davon hat.» Glauben Sie das? Nein? Dann haben Sie einen guten Ritualriecher entwickelt:

Männer geben Frauen kein Lob zweiter Klasse, weil sie sie diskriminieren möchten, sondern weil Männer immer so loben.

Ihr Lob ist geschlechtsunspezifisch. Sie sprechen niemals (Ausnahmen bestätigen die Regel) vorbehaltlos Lob aus, auch nicht anderen Männern. Ihre Ritualregel lautet: «Kein Lob ohne Einschränkung – sonst heben die Leute ab, sonst wird es ihnen zu wohl.»

Wenn Sie einem Mann vorwürfen, dass er sein Lob durch sein Aber entwerte, würde er Sie entrüstet anschauen. Männer versehen ihre Anerkennung immer mit einer wohlwollenden Empfehlung, damit jede(r) sieht: «Er lobt mich, aber er weiß es immer noch ein wenig besser als ich.» Das Ja-aber-Ritual ist ein Ritual aus der Familie der Rivalitätsrituale. Männer messen sich rituell miteinander – auch wenn sie sich loben. Männern ist das wichtig. Frauen ist das fremd. Denn unter Frauen kommt es nicht auf Rivalität, sondern auf Harmonie an. Leider ist dieser rituelle Unterschied Businessladys oft nicht bewusst, weshalb sie verletzt auf eingeschränktes Lob reagieren. Was paradox ist.

Denn Männer blühen bei eingeschränktem Lob richtig auf. Sie brauchen das. Sie fühlen sich dadurch angespornt, es motiviert sie: «Er hat gesehen, dass ich es gut gemacht habe, und wenn ich tue, was er mir empfiehlt, dann bekomme ich noch mehr Lob.» Wenn eine Frau das mit einer anderen Frau macht, ist die Reaktion blutig anders: «Was bildet diese dumme Ziege sich eigentlich ein? Die weiß immer alles besser. Der kann ich es wohl nicht recht machen.» Das typische Mutter-Tochter-Ritual also.

Dieses Ritual übertragen Businessladys auf das «Ja,

aber» von Männern – aber das passt nicht. Männer lieben das Ja-aber-Ritual, Frauen verstehen es nicht.

Sie können das Ja-aber-Ritual auch als Besserwisser-Ritual einordnen: Wer «Ja, schon, aber ...» sagt, weiß es offensichtlich besser und möchte das unbedingt auch zeigen. Das heißt, ein notorisch widersprechender Mann sagt Ihnen nicht durch die Blume, dass er Sie für inkompetent hält, sondern lediglich: «Schau, wie schlau ich bin.» Oder um es noch deutlicher zu sagen: «Mama, guck, was ich kann.» Das ist ein großer Unterschied. Ein Besserwisser greift Sie nicht persönlich an, sondern regrediert ins Alter eines Fünfjährigen, der von der Mama gelobt werden möchte. Diese Erkenntnis nimmt dem Ja-aber-Ritual seinen Schrecken. Es gibt sogar Businessladys, die dabei schmunzeln können.

Wissen schützt

Da Frauen das Ja-aber-Ritual oft nicht kennen, spielen sie es falsch. Sie

- reagieren eingeschnappt – Männer verstehen das nicht und grenzen die Frau deshalb aus, worauf sie noch saurer reagiert; eine Abwärtsspirale der Ausgrenzung beginnt.
- rechtfertigen sich: «Ich wusste das doch nicht.»
- holen zum Gegenschlag aus: «Ihnen kann man es wohl nicht recht machen.»

Überflüssig zu sagen, dass Männer auf diese Ritualbrüche negativ reagieren: «Was hat die Zicke denn? Nun lobe ich sie mal, und sie dankt es mir so. Das war das letzte Mal.»

Wenn Sie denken, dass Kommunikation zwischen Frauen und Männern eine komplexe Sache ist, liegen Sie richtig. Sie können die Komplexität ignorieren. Oder konstruktiv damit umgehen.

So spielen Sie mit

Am eindrücklichsten ist das Ja-aber-Ritual, wenn mehrere Frauen anwesend sind, ein Mann Ja-aber spielt, drei Frauen schwer schlucken und eine locker sagt: «Danke für das Kompliment. Und danke für den guten Tipp.» Die drei anderen fragen darauf meist: «Macht dir das nichts aus, wenn der Kerl sich so profiliert?» Die Antwort der erfahrenen Business-Hexe: «Nö, warum auch? Er hat sich doch anerkennend gezeigt.»

Wenn Sie eingeschränktes Lob bekommen, freuen Sie sich zu 90 Prozent über den positiven ersten Teil und beachten Sie zu zehn Prozent den empfehlenden zweiten Teil.

Wer das Ritual nicht kennt, macht es genau umgekehrt – daher die Missstimmung und die resultierenden Missverständnisse. Sie haben Recht, wenn Sie denken, dass frau ihre Hörgewohnheiten verändern sollte, um auf diese Weise quasi um die Ecke zu hören. Doch das gibt sich schnell. «Als ich zwei-, dreimal bewusst auf das einschränkende Aber geachtet hatte, ging es danach automatisch», sagt eine Muster-Direktrice in einem Textilunternehmen.

Holen Sie sich Ihre Anerkennung

Viele Frauen haben Probleme, aus einer Aber-Botschaft das Positive herauszuhören. Dafür gibt es eine einfache Abhilfe: Fragen Sie nach. Zum Beispiel:

- «Frau Müller, Ihr Projektbericht ist ganz in Ordnung. Sie hätten ihn aber ruhig etwas kürzer fassen können.»
- «Heißt das, der Inhalt ist so weit in Ordnung?»
- «Jaja, absolut. Inhaltlich ist alles paletti.»

Damit ist klar: Der Mann möchte Sie nicht heruntermachen. Seine Anerkennung ist ehrlich gemeint. Er hat lediglich einen kleinen Änderungswunsch für die Zukunft oder möchte zeigen, dass er sich auskennt. Lassen Sie ihm doch die Freude.

Männer sprechen eine andere Sprache. Wenn Sie mit einem Mann sprechen, sollten Sie im Hinterkopf simultandolmetschen.

Dieser Sprachtipp hat eine erfreuliche Nebenwirkung. Viele Frauen berichten mir nach Seminaren: «Ich übersetze inzwischen auch privat die Männersprache – das macht vieles leichter im Umgang mit besserwisserischen Brüdern, Partnern, Söhnen oder Vätern.»

Widerspruch bei Delegation

Es wird oft kolportiert, dass Männer keine Frau als Chef akzeptieren. Als «Beweis» wird der ständige Widerspruch von Männern angeführt, wenn Frauen anweisen oder delegieren: «Herr Müller, bitte fertigen Sie den Auftrag noch heute aus.» – «Muss das denn heute noch sein, das eilt doch nicht.» Das ist Insubordination, Ungehorsam, Befehlsverweigerung. Nein, das ist eine Fehlinterpretation.

Wenn ein Mann seiner Vorgesetzten permanent widerspricht, heißt das nicht, dass er keine Frau als Chef akzeptiert.

Es heißt lediglich, dass er sein rituelles Ja-aber anbringt. Sie können von einem Mann nicht ernstlich erwarten, dass er sein Ritual aufgibt, bloß weil sein Chef eine Frau ist. Denn dass er ein Ritual pflegt, ist ihm ja noch nicht einmal bewusst. Also was tun? Wie lautet der Gegenzauber?

Wenn Ihnen ein Mann widerspricht, fragen Sie nach (so lange, bis Sie hören, was Sie hören wollen).

Um unser Beispiel von eben aufzunehmen:

«Herr Müller, bitte fertigen Sie den Auftrag noch heute aus.»

«Muss das denn heute noch sein, das eilt doch nicht.»

«Morgen habe ich Sie für etwas anderes eingeplant. Also fertigen Sie den Auftrag heute noch aus?»

«Naja, wenn das so ist, geht klar, Frau Schmidt.»

Natürlich ist es lästig, dass Männer selten etwas gänzlich ohne Widerspruch machen können. Doch dieser Widerspruch ist keine Insubordination. Er ist lediglich Ritual. Also nehmen Sie es um Himmels willen nicht persönlich und versuchen Sie vor allem nicht, ihm das Ritual abzugewöhnen. Fragen Sie vielmehr das nach, was Sie hören wollen. Fragen Sie nötigenfalls so lange nach, bis er es nach zig Aber endlich sagt.

Der Frust der Frau

Viele Frauen im Business erkennen das Ja-aber-Ritual nicht – und gewöhnen sich mit der Zeit an den ständigen Widerspruch, die permanent entwertete Anerkennung. Das ist nicht klug.

Gewöhnen Sie sich nicht an Männerrituale. Sie schaden sich selbst.

Wenn frau täglich zwanzigmal hören muss: «Ja, schon, aber...», geht das Selbstwertgefühl nach einer Woche in den Keller, nach einem Monat wird es unterirdisch, und nach einem Jahr ist man Burn-out-Kandidatin oder denkt ernsthaft über Heirat und Babypause nach. Wer ständig mit Widerspruch konfrontiert wird und diesen persönlich nimmt, hadert irgendwann nur noch mit sich selbst und zweifelt an den eigenen Fähigkeiten. Einzig und allein aus diesem Grund sagen so viele Frauen in Führungspositionen: «Ich gebe mir zwar alle Mühe, aber ich habe den Eindruck, dass ich meine Arbeit mehr schlecht als recht mache.»

Wenn zufällig mal ein Mann das mitbekommt, ist das Hallo groß: «Ja spinnt die denn? Die macht ihre Arbeit doch gut.» Männer konzentrieren sich beim Ja-aber-Ritual auf das Lob, Frauen hören nur den Tadel. Männer konzentrieren sich ganz sachlich auf die Lernchance (oder tun sie ab: «Der hat doch ein Rad ab!»). Frauen konzentrieren sich ganz emotional auf den Mangel und reagieren so frustriert, dass sie nichts mehr daraus lernen können: «Dem kann ich es doch sowieso nicht recht machen.» Dieser Frust ist unnötig. Gewöhnen Sie sich nicht an das Ja-aber-Ritual. Lernen Sie, es zu deuten und sich die Anerkennung zu holen, die Sie sich wünschen.

Männer spielen mit Frauen

Männer spielen oft bis zum Umfallen Ja-aber:

«Blablabla ...»

«Stimmt, aber ...»

«Ja, schon, aber ...»

«Klar, aber ...»

«Aber ... .»

Jede Äußerung wird mit Aber eingeleitet. Frauen macht das verrückt: «Haben die denn nichts Besseres zu tun, als aufeinander rumzuhacken?» Sie erkennen nicht, dass dieses Aneinandervorbeireden ein bewusster Akt, eben ein Ritual ist. Es gibt Männern total viel Energie, wenn sie sich derart aneinander messen können, zeigen können, was sie alles drauf haben, den anderen übertrumpfen können. Apropos

Übertrumpfen: Mehr Männer als Frauen spielen Skat und andere klassische Kartenspiele. Raten Sie mal, warum.

Das Ja-aber-Ritual führt immer dann zur Kommunikationskatastrophe, wenn ein Mann mit einer Frau spielen will und die Frau nicht mit dem erwarteten ritualisierten Aber antwortet, sondern beipflichtet, in seinen Augen also umfällt: «Ja, stimmt. Finde ich auch.» Männer reagieren darauf verunsichert, indem sie entweder noch viel unglaublichere Aussagen treffen, um nur endlich das ersehnte Aber zu provozieren, oder einfach das Gespräch schnellstmöglich beenden und danach rumerzählen: «Die kann man doch nicht ernst nehmen. Die hat keine eigene Meinung.»

In einer Unterhaltung mit Männern, die Ja-aber spielen, verlieren Sie, wenn Sie sich an das halten, was Mama Ihnen beigebracht hat: «Immer schön freundlich und höflich bleiben.»

Höflichkeit ist ein typisches Frauenritual, das bei Männerritualen meist direkt in die Niederlage und Stigmatisierung führt. Sie finden Höflichkeit aber besser? Entschuldigung, das ist eine Wertung. Es geht nicht darum, wer oder was besser oder schlechter ist. Bei Ritualen geht es einzig und allein um die Fragen: Was ist das Ritual? Wie spiele ich mit, damit alle Beteiligten glücklich werden?

Seien Sie nicht höflich, seien Sie ritualbewusst.

Wenn Ihnen ein Aber angeboten wird, nehmen Sie es dankend an und geben Sie es höflich zurück. Zeigen Sie, dass Sie mitspielen können. Stimmen Sie ruhig vollinhaltlich zu, aber fügen Sie noch ein kleines Aber hinten an. Sie werden bemerken, um wie viel besser Ihre Gespräche mit aber-spielenden Männern laufen, wie Sie besser mit ihnen auskommen werden. Wenn es Ihnen hilft, erinnern Sie sich dabei an das alte Spiel: «Ich sehe was, was du nicht siehst», und fügen Sie das, was er nicht sieht, mit «aber» an. Zum Beispiel: «Ihr Argument ist gut, aber Sie übersehen dabei, dass die Zahlen, auf die Sie sich beziehen, vom letzten Jahr sind.»

Aber: Gewöhnen Sie sich das bloß nicht an. Setzen Sie das Aber immer ganz bewusst ein – und reden Sie, wenn Sie unter Frauen sind, wieder ganz normal.

Sie haben noch eine zweite Möglichkeit, das Ja-aber-Ritual mitzuspielen. Mancher Mann mag es nicht, wenn eine Frau ihm ein Aber entgegensetzt. Sie merken das schnell: Er reagiert empfindlich. Dann setzen Sie ihm nicht das rituelle Aber vor, sondern schalten Sie auf das Bewunderungsritual um: «Ah, tatsächlich? Danke für den Hinweis.» Wenn Sie gerne dick auftragen, darf's auch sein: «Was Sie alles wissen ...»

Eine Sache der Einstellung

Viele Frauen meinen: «Wenn die Männer solche kindischen Rituale haben, dann sollen sie sich diese gefälligst abgewöhnen.» Ein schöner Wunsch, berechtigt obendrein. Leider führt er weder zum Erfolg noch zur Zufriedenheit im Beruf. Denn wie die leidvolle Erfahrung zeigt, gewöhnen sich Männer ihre Rituale auch nach mehrfacher Aufforderung nicht ab. Viel nützlicher ist da ein Wechsel der Einstellung. Erfolgreiche Business-Hexen verfolgen gegenüber Ritualen Einstellungen wie: «Es bricht mir kein Zacken aus der Krone, wenn ich bei Bürospielchen mitspiele, solange niemand zu Schaden kommt.» Oder: «Wir Frauen haben auch unsere Marotten, also wer bin ich, dass ich im Glashaus mit Steinen werfe?»

Emanzidötchen

Fanny ist eine tolle Business-Hexe. Sie spielt das Ja-aber-Ritual nicht nur mit, sie führt es auch gerne ad absurdum, indem sie ein paradoxes Aber einwirft. Neulich meinte ein Kollege: «Aber unsere Kunden fühlen sich doch gegängelt, wenn wir bei der Bedarfsanalyse so viele Fragen stellen.» Worauf Fanny meinte: «Kann schon sein, aber was ist, wenn der Kunde das Gefühl hat, dass Sie ihm zu wenig Fragen stellen?» Fanny grinst: «Das Aber macht nicht wirklich Sinn. Deshalb hat es den Kollegen so verwirrt, dass er aus dem Ritual ausstieg.»

7. Das Feedback-Ritual

Männer sind rituelle Angeber

Die kürzeste Definition von PR, Öffentlichkeitsarbeit, lautet: Tue Gutes und rede darüber. Das kann sich wirklich nur ein Mann ausgedacht haben. Männer tun Gutes und reden darüber, und zwar 24 Stunden am Tag (s. auch Kapitel 10, Seite 107 f.). Ihre Erfolge und Arbeitsergebnisse sind oft genug nicht die Hälfte der Ergebnisse guter Business-Hexen wert, doch wen hört man in den höchsten Tönen seine bescheidenen Erfolge preisen? Eben. Frauen finden diese Selbstdarstellung angeberisch, unsachlich, unnötig, peinlich, unverständlich, eigensüchtig, unsozial.

Männer stellen 60 Prozent Leistung wie 100 Prozent dar. Frauen stellen 100 Prozent Ergebnis wie 60 Prozent dar – wenn überhaupt.

Es ist nicht so, dass Frauen nicht angeben. Sie geben lediglich so an, dass es in der Regel nach hinten losgeht – zumindest im Business. Männer geben zum Beispiel an mit sportlichen und beruflichen Erfolgen, eben mit dem, was sie können.

Frauen dagegen geben an mit dem Können anderer, zum Beispiel dem ihrer Kinder («Mein Kind war schon mit 15 Monaten sauber»), mit dem Status ihres Mannes («Mein Mann ist Vorstandsmitglied von ...»), mit der Größe ihres Hauses, der Marke ihrer Küche oder des Porzellans. Sie sagen also nicht: «Ich habe meine Kleine so gut erzogen, dass sie schon mit 15 Monaten auf den Topf ging.» – So würden Männer angeben. Frauen stellen ihr Licht unter den Scheffel. Frauen geben so an, dass nicht sie, sondern andere etwas davon haben. Ist das noch uneigennützig? Nein, das ist bereits selbstschädigend.

Und da wundern sich einige noch, warum es Männer im Beruf leichter haben und weiterbringen. Sie quaken lauter und egozentrierter. Sie sind Meister der Selbstdarstellung. Eben typisch Mann. Wirklich? Nein, eher typisch Ritual: «Guck mal, wie gut ich bin.»

Erkennen Sie es? Es ist ein Ritual aus der Klasse der Rivalitätsrituale. Männer müssen sich ständig miteinander messen, um sich selbst zu definieren und zu bestätigen. Frauen brauchen das nicht. Deshalb werden sie bei der Arbeit, bei Anerkennung und Beförderung übersehen. Alle Frauen, mit denen ich sprach, sind sich dessen bewusst: «Frauen sind bei der Eigen-PR miserabel.»

Heißt das, dass Sie künftig wie die Männer angeben müssen, um aufzufallen? Sie können beruhigt sein; das heißt es eben nicht – obwohl man diesen Tipp in vielen Frauenbüchern lesen muss: «Machen Sie mehr Eigen-PR.» Eine Frau sollte einer anderen Frau nicht etwas so Nutzloses empfehlen – denn mit der Empfehlung allein ist es natürlich nicht getan. Sonst gäbe es das Problem nämlich nicht.

Warum stellen Sie Ihr Licht unter den Scheffel?

Frauen verkaufen sich unter Wert, weil man sie in der Kindheit mit Bremsdogmen gebannt hat wie «Eigenlob stinkt». Aus pädagogischer Sicht geradezu skandalös ist, dass selbst heute noch in Poesiealben junger Mädchen Bannsprüche von wohlmeinenden Großtanten oder -eltern zu finden sind wie:

> Sei stets wie das Veilchen im Moose
> immer bescheiden und still,
> und nicht wie die hochmütige Rose,
> die immer beachtet sein will.

Bei solchen Sprüchen geht mir der Hut hoch. Was viele Frauen nämlich nicht wissen:

Wenn Sie eine Scheu davor haben, über Ihre guten Leistungen zu reden, sind Kindheitssprüche daran schuld.

Auch und gerade dann, wenn Sie diese Bremssprüche längst vergessen haben. Das ist das Fiese daran. Deshalb ist der erste Schritt zur Emanzipation von diesen dummen Sprüchen: Machen Sie sich Ihre Hemmungen vor Eigen-PR bewusst. Bewusst machen heißt immer: aufschreiben. Denken allein reicht zum Bewusstwerden selten aus. Warum scheuen Sie Eigen-PR? Schreiben Sie solche Hintergedanken auf wie «Stell dich nicht so ins Rampenlicht.» – «Gib nicht an, das tut man nicht.»

____

____

____

Schon beim Notieren werden Sie ein Gefühl der Befreiung verspüren. Das ist Ihr gesunder Menschenverstand, der sich einschaltet und sagt: «Also so absolut kann man das nicht stehen lassen. Damit schade ich mir ja selbst ...»

Wenn an dieser Stelle sich Ihr hinderlicher Glaubenssatz bereits in Luft auflöst, prima. Prima, aber selten. Denn Glaubenssätze sind hartnäckig. Also gehen Sie noch einen Gedankenschritt weiter. Fragen Sie sich: Wie komme ich bei anderen Menschen an, wie nehmen mich meine Chefs, Kollegen, Kunden und Mitarbeiter wahr, wenn ich mich so darstelle, wie ich mich derzeit darstelle?

____

____

____

Wenn wir diese Übung in Frauenführungsseminaren machen, fallen immer die Attribute: graue Maus, ganz nett, brav, ordentlich, unauffällig, bieder, leise. So beschreibt man(n) eine Sekretärin, nicht wahr?

Nichts gegen Sekretärinnen. Doch wenn Sie Führungskraft sind oder werden wollen oder auch nur in Ihrer derzeitigen Position die Anerkennung erhalten möchten, die Sie verdienen, sind diese Attribute wie ein Mühlstein um den Hals.

Wenn Sie mit diesem unauffälligen Image glücklich sind, behalten Sie es auf jeden Fall. Wenn nicht, ändern Sie schleunigst etwas in Ihrem Hinterstübchen.

Emanzidötchen

Neulich erzählte mir ein Businessmann aus der IT-Branche: «Weiblichen Bewerbern um eine Führungsposition müssten wir im Bewerberinterview eigentlich eine Stunde mehr Zeit als den Männern geben.»

Auf meine verwunderte Frage nach dem Warum meinte er: «Frauen brauchen im Schnitt eine Stunde länger, bis sie auf ihre Stärken und Vorzüge zu sprechen kommen. Während die Männer von der ersten Minute an Eigenwerbung wie die Champions betreiben.» Als Nachsatz fügte er den eigentlichen Hammer an: «Deshalb stellen wir keine Frauen als Führungskräfte ein – diese zusätzliche Stunde haben wir einfach nicht.» So einfach ist Business, so einfach ist Diskriminierung.

Und noch eins drauf: Wenn ich Assessments begleite, fällt mir jedesmal auf, dass männliche Bewerber auf die Frage nach Hobbys antworten: «Marathonläufer», «Extrem-Climber», «Drachenflieger», «Triathlet».

Alles extreme Hobbys mit extremen Leistungs- und Konkurrenzaspekten und hohem Imagewert. Frauen dagegen beantworten dieselbe Frage mit: «Ich schwimme gerne.» «Reiten», «In der Natur sein», «Rad fahren». Also wer bei solchen Antworten nicht spontan und unreflektiert «Weichei» denkt – den möchte ich mal sehen.

Die richtigen Sätze im Hinterkopf

Sie kennen die hinderlichen PR-Glaubenssätze in Ihrem Hinterkopf. Überlegen Sie sich dazu konstruktive Alternativen.

Wenn wir in Coaching oder Frauenseminar daran arbeiten, entwerfen Frauen oft Einstellungen wie:

- «Ich will zwar nicht angeben wie ein Mann, aber ich schweige nicht länger zu meinen Leistungen.»
- «Wenn ich etwas gut gemacht habe, dürfen das auch andere erfahren.»
- «Ich gebe nicht an, ich rede über meine guten Ergebnisse.»
- «Ich gebe nicht an – ich gebe Feedback.»

Das bringt es auf den Punkt. Stellen Sie dem Angeber-Ritual das Feedback-Ritual gegenüber.

Oder um die im wahrsten Sinne des Wortes prägende Ursache der PR-Misere aufzugreifen: Schreiben Sie Ihr Poesiealbum neu. Schreiben Sie alle Sätze auf, die es Ihnen erlauben und Sie dazu ermuntern, über Ihre guten Leistungen gebührend zu reden. Das ist eine schöne, motivierende und das Selbstbewusstsein stärkende Übung.

Ihr Erfolgstagebuch

Über ihre guten Leistungen reden – diese simple Übung würden Männer belächeln. Frauen dagegen kriegen diese Übung meist nicht auf die Reihe. Frauen sind nicht weniger artikuliert als Männer. Sie haben lediglich zweitausend Jahre Ritualrückstand – im Beruf. So nehmen sich zwar viele

Frauen vor, künftig über ihre guten Leistungen zu reden – doch sie finden keine. Logisch: Wer jahrelang über ein bestimmtes Thema nicht redete, der nimmt dieses Tabu schon gar nicht mehr wahr. Über diesen blinden Fleck hinweg hilft vielen Frauen das

Erfolgstagebuch: Notieren Sie jeden Abend Ihre Erfolge vom Tage – auch und gerade jene, die Sie für klitzeklein halten.

Coachees und Trainingsteilnehmerinnen berichten mir immer wieder: «Ich wusste gar nicht, wie gut ich bin. Was ich alles leiste!» Eine brachte es auf den Punkt: «All das leiste ich – und sagte es bisher keiner Menschenseele ...»

Übrigens: Das Erfolgstagebuch ist selbstverständlich auch ein Ritual, ein Erfolgsritual für Business-Hexen.

Gehaltserhöhung gefällig?

Nehmen Sie das Erfolgstagebuch ernst. Seine Nebenwirkungen sind geradezu phänomenal. Nachdem sie mit einem solchen Tagebuch begonnen haben, bekommen die meisten Teilnehmerinnen von Führungsseminaren zum Beispiel schon nach einem halben Jahr mehr Gehalt. Warum? Weil sie mit einer ganz anderen Einstellung in ihre Gehaltsgespräche gehen. Sie sind sich ihrer Erfolge jetzt bewusst. Wie schon Goethe sagte: Was du schwarz auf weiß besitzt ...

Die Statistiken zeigen immer wieder, dass Männer für dieselbe Arbeit mehr Gehalt bekommen als Frauen. Politiker legen das gerne und stimmenträchtig als Diskriminierung aus. Das ist eine Milchmädchenschlussfolgerung. Wenn Frauen damit aufhören, sich in Gehaltsgesprächen unter Wert zu verkaufen, bekommen sie auch den Lohn, der ihnen zusteht. Das Erfolgstagebuch ist ein wirksamer Schritt in diese Richtung.

Eine weitere angenehme Nebenwirkung des Tagebuchs ist, wie eine Coachee es formuliert: «Seit ich das Tagebuch führe, werde ich von den Kollegen wesentlich mehr beachtet und ernst genommen. Ich weiß nicht einmal, warum.» Wir wissen es: Wer sich seiner Erfolge bewusst ist, tritt ganz anders auf: selbstsicher, souverän, überzeugender, sichtbarer. Und wer anders auftritt, wird auch anders behandelt.

Geben Sie ritualisiertes Feedback

Wenn Frauen endlich die hinderlichen Glaubenssätze aus ihrem Hinterkopf entfernen, sie durch konstruktive Einstellungen ersetzen und ein Erfolgstagebuch führen, beginnen sie plötzlich, auch über ihre Erfolge zu reden. Wohltuend anders als Männer: Sie protzen nicht damit, sondern geben sachlich Rückmeldung über ihre Erfolge. Sie pflegen ihr eigenes Ritual, das Feedback-Ritual.

Eine sehr erfolgreiche Projektleiterin und Ingenieurin bei einem Anlagenbauer berichtet: «Egal wann, worüber und mit wem ich rede, ich habe es mir zur Angewohnheit gemacht, in drei Sätzen über die positive Entwicklung meines aktuellen Projekts zu berichten. Das hält keiner für aufdringlich oder gar Angeberei, im Gegenteil. Die Leute sind entzückt, dass sie auf dem Laufenden gehalten werden, und sparen nicht mit Lob. Ich habe die Erfahrung gemacht: Seit ich den Mund aufmache, bekomme ich die Anerkennung, die ich verdiene.»

Anerkennung ist nicht Bringschuld Ihrer Vorgesetzten, Kunden oder Kollegen. Sie ist Holschuld. Holen Sie sich ab, was Sie an Anerkennung brauchen.

Eigen-PR für Schüchterne

Feedback is the breakfast of champions, sagt ein amerikanisches Sprichwort. Damit ist in erster Linie mündliches Feedback gemeint. Daneben gibt es auch andere Arten der Rückmeldung. Für schüchterne Ladys, die sich mündliches Feedback zunächst noch nicht zutrauen, empfehlen sich zu Beginn die folgenden beiden Feedback-Arten.

Indirektes Feedback über Mentoren

Wenn Sie sich selbst nicht getrauen, den Mund aufzumachen, lassen Sie das Ihre Mentorin oder Ihren Mentor für Sie tun. Erzählen Sie ihr oder ihm von Ihren Erfolgen, er oder sie wird wie ein guter Evangelist die frohe Botschaft unter den Völkern verbreiten. Machen Sie daneben Ihre Feedbackschwäche zum Thema in Ihren Mentoring-Gesprächen. Nehmen Sie Ihre Mentorin zum Vorbild – da sehen Sie mal wieder, wie wichtig es ist, dass der Mentor eine Mentorin ist (s. Kapitel 3, Seite 37 ff.). Von einem Mann sollten Sie Eigen-PR tunlichst nicht abgucken.

Direktes, schriftliches Feedback

Solange Sie sich die direkte, mündliche Rückmeldung nicht zutrauen, machen Sie's einfach schriftlich. Schreiben Sie eine Hausmitteilung, eine E-Mail oder eine Intranetnotiz mit einem kurzen Abriss Ihrer aktuellen Erfolge. Auch das kommt an und wirkt.

Wenn Sie überhaupt nicht mit Ihrer Schüchternheit zurechtkommen, konsultieren Sie einen weiblichen Business-Coach. In zwei bis drei Sitzungen hat sich das Problem erledigt. Gutes Coaching ist übrigens auch telefonisch möglich und üblich.

Das Wording

Früher hätte man «Formulierung» gesagt. Aber da wir uns im Business befinden, das auch nicht einfach nur ein Geschäft ist, heißt das nun wohl Wording. Damit haben die meisten Frauen so ihre Anfangsproblemchen: «Aber wie formuliert man denn nun so eine Rückmeldung zur eigenen Leistung? Ich will doch nicht angeben.» Das hat auch keiner verlangt.

Es ist sprachlich ein Klacks, über Ihre Leistungen zu reden, ohne unsachlich oder gar angeberisch zu werden.

Wie? Ganz einfach: Bleiben Sie sachlich. Also zum Beispiel:

- «Unser Projekt ist auf den Tag genau im Zeitplan – das hatten wir noch nie.»
- «Gestern wollte einer unserer Key Accounts abspringen. Ich habe zwei Stunden lang mit ihm telefoniert und die Sache wieder in Ordnung gebracht.»
- «Übrigens, wen's interessiert: Unsere Abteilung ist nach der neuesten Kundenbefragung bei der Kundenzufriedenheit um zehn Punkte gestiegen.»

Da ist kein Gramm Angabe dran. Das ist alles total sachlich und intersubjektiv nachprüfbar. Ein neutraler Beobachter könnte jede dieser Aussagen unterschreiben, denn sie sind faktisch überprüfbar.

8. Das Nein-danke-Ritual

Allergisch auf Komplimente

Es ist nicht Männern vorbehalten, Frauen mit ihren Ritualen zu schaden. Frauen können das selbst auch ganz gut. Klassisch ist das Nein-danke-Ritual.

Zwar beklagen sich berufstätige Frauen, dass sie die Anerkennung nicht bekommen, die ihnen zusteht. Begleitet man jedoch Frauen durch ihren Berufsalltag, erlebt man eine Überraschung: Frauen bekommen sehr viel Anerkennung im Beruf. Oft bekommen sie sogar mehr Anerkennung als ihre männlichen Kollegen. Wann das denn? In den ersten Wochen in einem neuen Job. Danach nimmt die Anerkennung rapide ab und geht tatsächlich oft gegen null. Warum? Wegen des Nein-danke-Rituals.

Bekommt ein Mann Anerkennung, klopft er sich wie King Kong an die Brust. Bekommt eine Frau Anerkennung, lehnt sie dankend ab.

Bei der Ablehnung bedienen sich Frauen zweier Strategien:

- *Die Abwertung:* «Ach, das war doch halb so wild. Ich hatte auch Glück. Mein Team hat mich gut unterstützt. Das hätte jeder andere auch geschafft. Das war selbstverständlich.»
- *Das Retour-Kompliment:* «Ohne Ihren Hinweis zur Marktentwicklung hätte ich das nicht geschafft.»

Männer finden das «typisch Frau»: «Da macht man ihr mal ein Kompliment, und dann will sie nichts davon hören.» Kein Wunder, dass Männer die Anerkennung daraufhin einstellen. Männer sind lernfähig. Achten Sie deshalb darauf, was Sie ihnen beibringen. Das ist schon paradox: Frauen bringen Männern bei, ihnen (nicht nur im Beruf) keine Komplimente mehr zu machen – und beschweren sich dann darüber, wenn keine mehr kommen. Wenn Männer das zickig finden, kann frau es ihnen nicht ernsthaft übel nehmen ...

Warum reagieren Männer auch auf das typisch weibliche Retour-Kompliment negativ? Weil Männer keine Frauen sind. Frauen reagieren auf Retour-Komplimente positiv, weil diese Art von Kompliment dafür sorgt, dass keine besser ist als die andere. Frauen geht es in Beruf und Leben um Partnerschaft und Gleichheit. Deshalb «vergelten» sie Gleiches mit Gleichem, weil es gleich macht, im besten Sinne. Männer reagieren dagegen auf Retour-Komplimente negativ, weil sie sich mit dem Kompliment als Geber, Versorger und Big Daddy profilieren wollen – und die Frau sie mit ihrer unbedachten Retourkutsche vom Sockel holt. Dumm gelaufen. Viel schlimmer:

Männer nehmen nur ernst, wer sich mit ihnen messen lässt. Wer Lob zurückweist, nimmt sich aus der Messung.

Wenn Frauen beklagen, dass sie im Kreis der Kollegen «einfach nicht dazugehören», liegt das auch an solch unbewussten Fauxpas wie dem Nein-danke-Ritual, mit dem sich Frauen selbst aus dem Kreis der Kollegen schubsen.

Sagen Sie Danke!

Wenn mann Sie lobt, sagen Sie Danke.

An dieser Stelle dürfen Sie ruhig Mamas Worte beherzigen und höflich sein. Sagen Sie Danke, lächeln Sie freundlich und genießen Sie die verdiente Anerkennung. Männer werfen sich bei diesem Dank gern auf den Rücken und jaulen vor Entzücken. Ihnen schwillt die Brust, wenn ihre Blumen ankommen. Stellen Sie sich vor, was die Minnesänger gesagt hätten, wenn die Angebetete vom Balkon runtergerufen hätte: «Singen Sie nicht weiter, ich habe es nicht verdient.» Der deutsche Minnesang hätte einen Walther von der Vogelweide nie gekannt.

Sagen Sie «Schön, dass es Ihnen gefällt», «Ja, das hat gut hingehauen», «Danke fürs Feedback». Das ist das Allermindeste. Und das betone ich nur deshalb mit Nachdruck, weil es Frauen unheimlich schwer fällt, Anerkennung uneingeschränkt anzunehmen. Es ist eine verdammt schlechte Angewohnheit. Wenn wir im Coaching Businessgespräche Revue passieren lassen, ertappen sich selbst versierte Businessladys immer wieder dabei: «Mist, da macht mir der Finanzvorstand endlich mal ein Kompliment, und ich spiele das derart runter.» Da hilft nur eines: dranbleiben. Es immer wieder versuchen. Es lohnt sich.

Das Ritual für Fortgeschrittene

Es ist das Mindeste, dass Sie ein ausgesprochenes Kompliment ohne Wenn und Aber akzeptieren. Oft hat es sich damit, der Mann zieht befriedigt von dannen. Genauso oft jedoch will er das Kompliment als rituellen Auftakt für ein Siegergespräch verstanden wissen. Männer reden ungern über Erfolge anderer (deshalb können Sie es doppelt schätzen, wenn einer Ihnen ein Kompliment macht). Doch wenn sie es tun, steckt meist ein Hintergedanke dahinter: Sie möchten sich im Glanz des Siegers sonnen.

Also tun Sie sein Angebot nicht mit einem schmucklosen «Ja, danke» ab, sondern elaborieren Sie ein wenig Ihren Erfolg: «Tja, das hat ganz zu Beginn gar nicht danach ausgesehen. Aber als ich endlich raushatte, was der Kunde eigentlich will, war die Sache schon gebongt.» Drei Gesprächsverläufe sind danach denkbar: Der Mann

- sagt noch was zur Erwiderung und zieht dann erfreut von dannen: Er hat sich genug in Ihrem Ruhm gesonnt.
- erinnert an einen seiner eigenen Erfolge, und Sie – ritu-

albewusst, wie Sie inzwischen sind – steigen voll darauf ein, weil Sie verstanden haben, dass Sie sich mitten im Sieger-Schulterklopf-Ritual befinden: Jeder haut jedem auf die Schulter und bewundert dessen Erfolge. Ein typisch männliches Ritual, bei dem sich Frauen nach etwas Angewöhnung durchaus wohl fühlen.

- will mehr über Ihren Erfolg wissen – besser können Sie's nicht treffen. Denn was Frauen als bloßes männliches Interesse rituell missdeuten, ist sehr, sehr viel mehr. Es ist auch eine unverhohlene männliche Unterwerfungsgeste: «Du große Siegerin, akzeptiere meine Huldigung.» Jetzt können Sie auch nachvollziehen, warum Männer so sauer reagieren, wenn Sie ihre Komplimente abwerten: Da schluckt einer seinen Stolz runter und will Ihnen huldigen – und Sie treten ihn gegen das Schienbein. Auweia!

Sie sehen: Männer sind gar nicht so bescheuert, wenn frau ihre Rituale kennt und dabei mitmacht. Und: Es ist überhaupt nicht schwer, als Frau die Anerkennung im Beruf zu bekommen, die Sie verdienen. Wenn frau raus hat, wie es läuft ...

9. Das Mama-Ritual

Die Ritualsprache der Männer

Männer sprechen eine ausgeprägt ritualisierte Sprache. Typisch dafür ist das Kasernenhof-Ritual, das Männer solche Verbalhämmer äußern lässt wie beispielsweise: «Nun bringen Sie mal endlich Ihr Projekt auf Vordermann.» Da steht die angeraunzte Frau schon beim bloßen Klang der Worte innerlich stramm.

> Männer reden gern in Anordnungen, Imperativen, Normativen, Ratschlägen, ZDF (Zahlen, Daten, Fakten) und betonter Sachlichkeit. Ihre Sprache ist rituell emotionsarm bis emotionslos.

Frauen verstehen diese rituelle Sprachweise meist nicht und nehmen sie, was schlimmer wiegt, oft genug persönlich: «Auf Vordermann? Mein Team? Er hält mich wohl für führungsinkompetent.»

> Frauen verstehen männliche Sachlichkeit nicht als Sachlichkeit, sondern als Vorwurf, Härte oder emotionale Invalidität.

Auch wenn es sich in Ihren Ohren ganz anders anhört: Männer machen Ihnen meist keinen versteckten Vorwurf und wollen auch keine übertriebene Härte demonstrieren, wenn sie wie ein Feldwebel reden. Sie möchten lediglich, dass eine bestimmte Sache erledigt wird. Sie werden eben nicht persönlich, auch wenn es sich so anhört. Ihnen geht es lediglich um Effektivität und Problemlösung. Männer motiviert diese Sprache. Werden sie in ihrem eigenen Stil angeredet, denken sie: «Das muss ich in Ordnung bringen.» Frauen demotiviert diese Sprache, sie lesen darin hinein: «Ich bin nicht gut genug.» Diese Unkenntnis des Rituals bringt Frauen täglich in die Bredouille.

Die Kosten der Unkenntnis

Wenn eine Frau das Kasernenhof-Ritual nicht versteht,

- schluckt sie schwer, nimmt's persönlich und reagiert beleidigt; vor allem dann, wenn der Vorgesetzte sie anherrscht. Auch deshalb sind Frauen oft so gestresst im und vom Beruf.
- zickt sie zurück: «Was heißt hier auf Vordermann bringen? Kümmern Sie sich gefälligst um Ihren eigenen Kram.» Damit ist die Frau unten durch: Der Mann sagt «ganz sachlich» etwas, und sie «wird gleich persönlich».
- fragt sie erschrocken: «Wieso? Was läuft schief?» Peinlich, denn der Mann geht davon aus, dass sie nicht wie ein Schulmädchen Fragen stellt, sondern bestärkend zurückwirft: «Na klar, denen werde ich mal den Marsch blasen.» Wer sich wie ein Schulmädchen verhält, darf sich nicht wundern, wenn sie nicht als zugehörig akzeptiert wird.
- rechtfertigt sie sich: «Aber die Lieferung kam so spät.» Das wirkt larmoyant, da denkt der Kollege doch: «Die hat das nicht im Griff.» Männer rechtfertigen sich zwar auch, aber sehr viel offensiver: «Also bitte, wenn dieser dämliche Lieferant uns hängen lässt, was kann ich denn dafür?»

Da Männer fast ständig im Kasernenhofton reden, passieren diese Missverständnisse ständig. Oft dutzendmal am Tag. Das Missverständnis ist quasi schon zum Ritual geworden. Frauen leiden sehr darunter, weil sie sich ständig fragen: «Warum ist er so grob zu mir? Was hab ich ihm denn getan? Warum mache ich so viel falsch?» Sie interpretieren nicht vorhandene Beziehungsbotschaften in das Ritual hinein: «Er mag mich nicht. Er hält mich für inkompetent. Ich mache meinen Job nicht gut. Ich muss noch mehr und härter arbeiten.» Männer hingegen kommen gerade wegen des ständig schief laufenden Kasernenhof-Rituals zu den bekannten Vorurteilen: «Frauen sind nicht tough enough fürs Business, mit denen kann man nicht vernünftig reden.» Warum nicht? Weil Frauen ein anderes Sprachritual pflegen.

Frauen reden durch die Blume

Frauen kommunizieren tendenziell indirekt, durch die Blume, sehr beziehungsorientiert: «Man müsste mal die Stimmung im Projektteam zur Sprache bringen.» Das ist kein Spleen, das ist Ritual. Ein Ritual, das Männer ihrerseits nicht verstehen. Woran Sie das erkennen? Daran, dass nichts passiert: «Was? Den Toner vom Kopierer hätte ich auffüllen sollen? Aber warum haben Sie das nicht gesagt? Sie haben das gesagt?» Ja, nämlich so: «Man sollte mal nach dem Kopierer sehen.» Dazu sagt der Mann: «Woher soll ich denn wissen, dass Sie mich damit meinen.»

Im Privaten ist dieses Ritualdilemma übrigens noch krasser. Wenn man mal nachprüft, warum Männer ständig Arbeiten im Haushalt und Garten aufschieben, dann liegt es schlicht daran, dass ihnen keine gesagt hat: «Bitte mach ... bis ... und zwar so, dass ...» Danach erntet frau zwar den rituellen Widerspruch (s. Kapitel 6), aber danach geht es wenigstens in der Sache voran.

Werden Sie kein Feldwebel!

Die meisten Frauen bemerken irgendwann, dass im Business ein rauer Ton herrscht. Also kopieren etliche den männlichen Kasernenhofton. Das wirkt auf alle Beteiligten mehr als befremdlich (wie immer, wenn Business-Hexen einfach männliche Zaubersprüche kopieren). Wenn eine Frau wie ein Feldwebel herumkommandiert, glaubt sowohl mann als auch frau, im falschen Film zu sitzen. Das könnte noch angehen, wenn der Schuss nicht nach hinten losginge: Frauen sind nun mal keine Männer. Und wenn eine Frau nur lange genug wie ein Mann herumraunzt, treffe ich sie in der Coaching-Praxis unweigerlich irgendwann als Burn-out-Klientin wieder. Wer sich zu lange verbiegt, fällt irgendwann um.

Wer schlauer ist, lässt noch vor dem Burn-out die Finger vom Männerritual. Oder wie die Geschäftsführerin eines Familienbetriebes sagt: «Anfangs wollte ich mit harter Faust führen wie mein Vater selig. Aber nach zwei Jahren merkte ich: Das bist nicht wirklich du. Das macht dich kaputt.» Verbiegen schadet der Seele und der Gesundheit.

Natürlich versteht Sie jeder Mann auf Anhieb, wenn Sie so direkt und unpersönlich reden wie ein Mann – aber Sie bezahlen einen hohen Preis dafür. Einen Preis, der völlig unnötig ist. Denn Frauen haben längst ein eigenes Ritual, um Tacheles zu reden: das Mama-Ritual.

Was die Mama sagt

Frauen haben längst ein Sprachritual, das ebenso unmissverständlich ist wie das männliche Kasernenhof-Ritual – nur eben nicht so verletzend. Kopieren Sie deshalb nicht die männliche Verbalkeule, sondern sprechen Sie einfach wie eine Mutter (auch wenn Sie noch nicht entbunden haben; das ist in den Genen). Wenn das Kind auf den Herd fassen will, sagt die Mama freundlich, aber bestimmt: «Schatz, lass es. Du tust dir nur weh dabei und musst schrecklich weinen.» Das funktioniert mit dem Vierjährigen genauso wie mit dem Vierzigjährigen – frau vergisst das einfach nur zu oft.

Schminken Sie sich alles Indirekte, Weichgespülte ab: «Man sollte mal ...», «Es wäre schön, wenn ...» und formulieren Sie einen Wunsch: «Bitte machen Sie ... bis ...»

Tat das weh? Nö. Verwenden Sie nicht den Konjunktiv («Könnte mal ...?»), sondern den Imperativ: «Bitte erledigen Sie ...» Fragen Sie nicht, sondern bitten Sie. Reden Sie nicht zeitlich unbestimmt («irgendwann, wenn's reinpasst»), sondern mit Terminwunsch: «bis ... Uhr». Reden Sie nicht persönlich unbestimmt, dann fühlt sich nämlich keiner angesprochen, sondern verwenden Sie die Sie-Form: «Bitte füllen Sie heute Vormittag den Toner nach.»

Wenn es ein Vierjähriger versteht, versteht es auch ein Vierzigjähriger.

Wenn Sie zu einem Vierjährigen sagen: «Irgendjemand sollte mal irgendwann vielleicht dein Zimmer aufräumen», dann wissen Sie genau, was passiert. Nichts. Vierjährige verstehen keine weich gespülten, indirekten, unbestimmten Konjunktive. Vierzigjährige ebenfalls nicht. Daher das alte Sprichwort: Das Kind ist der Vater des Mannes. Also reden Sie wie eine gute Mutter. Freundlich, aber bestimmt.

Frauen sind keine Männer. Frauen verstehen sehr wohl indirekte, unbestimmte Andeutungen. Da muss eine nur andeuten, «man sollte mal wieder die C-Kunden durchtelefonieren», und schon fühlt sich eine andere dazu berufen. Warum? Weil Frauen beim Sprechen das Konjunktivritual verwenden und verstehen. Männer dagegen sprechen nach dem Indikativ-Ritual. Sie verstehen keine Konjunktive. Nein, jetzt ohne Witz: Sie verstehen das wirklich und wahrhaftig nicht. Das merken Sie an ihren Reaktionen: «Ach, mich haben Sie damit gemeint? Ja warum sagen Sie das nicht gleich.» Frauen halten das für eine Unverschämtheit – doch der Mann meint das ganz ehrlich. Solange er nicht seinen Namen hört, fühlt er sich nicht angesprochen. Also reden Sie wie eine Mutter. Nennen Sie das Kind beim Namen.

Die Profiversion

Am Kasernenhof-Ritual fällt auf, dass Männer es auf alles und jeden anwenden. Auch eine Art Gerechtigkeit: Jeder kriegt sein Fett ab. Bei erfolgreichen Businessladys fällt auf, dass sie ihr Mama-Ritual differenzieren; je nach Ansprechpartner. Diese Differenzierung klären sie ganz zu Beginn der Zusammenarbeit: «Wenn es um Dinge geht, von denen ich erwarte, dass sie zuverlässig und umgehend erledigt werden – wie hätten Sie's denn gerne? Direkt und ohne Umschweife oder lieber durch die Blume?» Daraufhin weiß jeder Mann und jede Frau eine Antwort: «Naja, durch die Blume vielleicht nicht, so empfindlich bin ich nicht. Aber ich mag es nicht, wenn man mich antreibt.» Oder: «Bitte kein Schmus. Wenn Sie etwas erledigt haben wollen, dann sagen Sie es mir klipp und klar. Ich muss wissen, woran ich bin.» Da weiß frau doch Bescheid.

Das ist übrigens ein Zeichen aller erfolgreichen Businessladys: Sie können individuell auf ihre Gesprächspartner eingehen, scheren sie nicht über einen Kamm. Je stärker ihnen das gelingt, desto abgeholter und verstandener fühlen sich ihre Gesprächspartner und desto motivierter tun sie, was frau von ihnen erwartet. Das ist weibliche Führungsstärke. Männer haben dieses empathische Ritual nicht – sie ritualisieren die Sachebene stärker. Nutzen Sie Ihre weiblichen Stärken.

Wenn mann Sie anpflaumt

Was machen Sie, wenn Sie einem Feldwebel begegnen? Es nicht persönlich nehmen.

Wenn mann Sie anpflaumt, machen Sie mit einer bewussten Anstrengung Ihr Beziehungsohr zu und hören Sie ausschließlich auf die Sachebene.

«Nun bringen Sie doch endlich Ihr Projekt auf Vordermann.» Dieser Mann sagt Ihnen gerade nicht durch die Blume (durch die Blume können Männer sowieso nicht), dass er Sie für inkompetent hält (Beziehungsebene), sondern macht lediglich einen Vorschlag. Klar, er macht ihn mit Nachdruck. Doch auch das ist Ritual: «Ein Kerl redet wie ein Kerl – immer wichtig, immer mit Nachdruck.» Also filtern Sie akustisch einfach diesen Nachdruck und seine Implikation für die Beziehung heraus und konzentrieren Sie sich ausschließlich auf die Sachebene.

Wenn Sie es unter Umgehung der Beziehungsebene schaffen, sich wegen eines Feldwebelanraunzers nicht betroffen zu fühlen, werden Sie oft bemerken, dass die Sachebene alles andere als klar ist. Dann stellen Sie am besten eine Frage zur Sachebene: «Was genau stört Sie?» – «Na dass Ihre Teammitglieder öffentlich schlecht über den Kunden reden.» – «Ach was? Na da schau an. Das geht natürlich nicht. Danke für den Tipp.» So einfach ist es, die Luft aus Feldwebelgebrüll herauszulassen. Und noch etwas:

Raunzt ein Feldwebel Sie an, schließen Sie auch Ihr Appellohr.

Das Appellohr hat Schuld, dass Frauen so überlastet im Job sind: Dauernd hören sie Appelle (auch ein Sabotage-Ritual). Wenn ein Mann sagt: «Nun bringen Sie doch endlich mal Ihr Team auf Vordermann», dann tun Frauen das tatsächlich. Warum? Weil sie den Appell befolgen. Welchen Appell? Natürlich hat der Mann einen Appell *ausgesprochen*, doch *gemeint* hat er das nicht. Männer sind rituelle Ratgeber. Deshalb heißen sie im Amerikanischen auch Mister Fix-it. Sie geben zu allem ihren Ratsenf dazu – aber sie erwarten nicht im Traum, dass Sie diesen Rat *befolgen*. Sie sollen ihn lediglich *bewundern*.

Also sagen Sie nicht: «Wird sofort erledigt», sondern: «Gute Idee, das ist wirklich mal nötig.» Danach vergessen Sie die Idee – es sei denn, Sie halten sie für sachlich nötig, sinnvoll und nützlich, oder der Mann erinnert Sie gelegentlich daran.

Sie können sich des Eindrucks nicht erwehren, dass Männer und Frauen die meiste Zeit des Tages aneinander vorbeireden? Das stimmt. Das liegt daran, dass Männer und Frauen grundlegend verschiedene Ziele mit ihren Sprachritualen verfolgen.

Männer reden anders, Frauen auch

Männer kommunizieren	*Frauen kommunizieren*
um Angelegenheiten zu regeln	um Beziehungen zu pflegen
um Informationen zu gewinnen	um Appelle auszutauschen
um Entscheidungen zu treffen	um Meinungen zu bilden
um sich zu messen	um Gemeinschaft zu pflegen

Wenn Sie mit einem Mann reden, verstanden werden und gut ankommen wollen, sollten Sie seine grundlegenden Sprachrituale respektieren und auf seine vier Grundbedürfnisse der rituellen Kommunikation eingehen. Ihre eigenen rituellen Bedürfnisse sollten Sie nicht zum Maßstab des Gesprächs machen, weil Sie mit einem Mann sprechen und Frauenrituale nur bei Frauen funktionieren. Wenn das so einfach ist, warum reden dann Mann und Frau im 21. Jahrhundert noch immer aneinander vorbei?

Sprechen Sie Männersprache?

Warum rutschen selbst erfahrenen Businessladys immer wieder weich gespülte, indirekte Äußerungen durch? Warum erschrecken sie immer mal wieder, wenn ein Mann sie anraunzt? Weil es nicht leicht ist, eine Fremdsprache zu sprechen. Die meisten Menschen bemerken noch nicht einmal, dass sie eine eigene Sprache sprechen und der andere kein Torfkopf ist, sondern einfach diese Sprache nicht versteht. Viele Frauen gehen wie selbstverständlich davon aus, dass Männer und Frauen sich doch eigentlich verstehen müssten, weil sie ja schließlich dieselbe Muttersprache sprechen. Über diesen Irrtum können Kommunikationsforscher nur lachen. Erfolgreiche Businessladys übrigens auch.

Erfolgreiche Businessladys wissen, dass Männer und Frauen unterschiedliche Sprachen sprechen, und nehmen die Herausforderung an, den Männercode zu entschlüsseln. Sie wählen ihre Worte weise und beobachten stets, wie diese Worte wirken. Erzielen sie nicht die gewünschte Wirkung, beschweren sie sich nicht darüber, dass der Mann schwer von Begriff ist, sondern suchen das ursächliche Männer-Sprachritual und modifizieren ihre Ansprache entsprechend.

Vor allem reagieren sie nicht sofort von der Beziehungs- oder Appellebene her, wenn ein Mann sie anspricht, sondern gehen zuerst auf die Sachebene, lesen das entsprechende Ritual heraus und gehen dann auf die «Sprache des Eingeborenen» ein, wie eine Gruppenleiterin das formulierte. Sie halten diese Simultanübersetzung männlicher Sprache für aufwändig? Das ist sie nur in den ersten Tagen. Schon nach einer Woche läuft es automatisch ab, macht Riesenspaß und lohnt sich immens.

Wie viele meiner Coachees meint auch Caroline: «Natürlich ist es irgendwie schade, dass Männer und Frauen unterschiedliche Sprachen sprechen. Andererseits ist es auch spannend. Wenn ich beim Übersetzen bin, denke ich mir oft: ‹Jetzt weiß ich endlich, was er mir sagen will.› Seit ich übersetze, komme ich mit Männern besser klar und sie mit mir.» Dafür lohnt es sich doch.

Wenn Sie sich ein wenig in Kommunikation auskennen, werden Sie vielleicht schon bemerkt haben, dass nicht nur Männer eine eigene Sprache sprechen. Wer scharf zuhören kann, hat schon herausbekommen, dass im Grunde jeder Mensch seine eigene Sprache spricht. Er verwendet einen eigenen, typischen Wortschatz mit eigenen, typischen Begriffsbelegungen. Wenn zum Beispiel zwei über «schöne Häuser» reden, dann meint einer ein kleines Häuschen im Grünen für die Ferien, während der andere ein Mehrfamilienhaus zur Geldanlage meint – und solange das nicht beiden klar ist, reden die beiden trefflich aneinander vorbei. In dieser Hinsicht provoziert die Simultanübersetzung der Männersprache einen so genannten Spill-over-Effekt; viele Frauen erzählen mir: «Seit ich Männern genauer zuhöre, kann ich auch Frauen besser verstehen.» Wie schön.

Emanzidötchen

Evelyn erzählt: «Wegen der cholerischen Ausbrüche meines Bereichsleiters habe ich mir die ersten Monate überlegt, den Arbeitsplatz zu wechseln. Alle vierzehn Tage hat er mich fix und fertig gemacht. Irgendwann hatte ich es einfach satt, alles immer runterzuschlucken, und erwiderte spontan: ‹Sie haben völlig Recht. Das ist eine Granatensauerei. Verdammte Hacke noch eins.› Er schlug auf den Tisch und donnerte: ‹Na endlich reden Sie Tacheles.› Seither ist das unser monatliches Ritual: Er redet sich den Frust von der Seele, ich lasse ein paar markige Sprüche ab, und danach geht's uns beiden besser. Ich glaube, er ist froh, dass er nicht mehr das Gefühl hat, mich mit Samthandschuhen anfassen zu müssen.»

Das 2-Ohren-Ritual

Wenn wir uns in Coaching oder Frauenseminaren mit männlichen Sprachritualen beschäftigen, melden mir Businessladys immer wieder zurück, dass ihnen insbesondere das 2-Ohren-Ritual hilft, mit Feldwebeln zurechtzukommen:

> Wenn ein Feldwebel Sie anblafft, hören Sie quasi mit einem Ohr ganz bewusst auf die Sachebene: Um welche Zahlen, Daten, Fakten (ZDF) geht es ihm? Mit dem anderen Ohr hören Sie ebenso bewusst auf seine Selbstoffenbarung.

Selbst wenn ein Mensch nur einen einzigen Satz sagt, spricht er dabei immer vier inhaltliche Ebenen an (Sie kennen das Modell vielleicht), nämlich

- *die Sache:* ZDF
- *die Beziehung:* Was halte ich von dir, und was denke ich, das du von mir hältst?
- *seine Appelle:* Was will ich eigentlich von dir?
- *seine Selbstoffenbarung:* Was ich zwischen den Zeilen über mich verrate, zum Beispiel, wie es mir geht.

Wenn Sie ein Ohr für die vierte Ebene haben, wird Sie nie wieder ein Mann aus der Ruhe bringen können. Wenn ein Feldwebel zum Beispiel raunzt: «Sie sind ja völlig inkompetent», kämpfen junge Business-Hexen manchmal mit Tränen der Frustration. Erfahrene Businessladys können über solche Chauvi-Attacken nur schmunzeln, denn auf der vierten Ebene hören sie seine Selbstoffenbarung heraus: «Ich bin einfach nur schlecht erzogen, wenn ich Ihnen solche Brocken um die Ohren haue. Ich habe meine Emotionen nicht im Griff. Außerdem finde ich es geil, Macht über andere auszuüben. Ich möchte zeigen, dass ich alles besser weiß, und fühle mich im Übrigen von Ihnen als Frau bedroht – deshalb belle ich so laut.» Oder wie schon Freud sagte: Aggression ist immer ein Zeichen von Unsicherheit.

Je ausfälliger ein Mann wird, desto deutlicher offenbart er sich unbewusst selbst.

«Er lässt verbal die Hosen runter», wie eine Geschäftsführerin es ausdrückt. Frauen, die mit dem vierten Ohr hören, lassen sich von Feldwebeln nicht länger beirren, sondern denken sich dabei: «Der Arme, der hat's wohl nötig.» – «Meine Güte, bin ich froh, dass ich mit so was nicht verheiratet bin.» – «Seine arme Mutter. Wenn die wüsste, was aus ihrem Sohn geworden ist.» – «Ich sehe was, was du nicht siehst, nämlich deinen galoppierenden Minderwertigkeitskomplex.»

Fremdumgang ist Selbstumgang

Ganz schlimm leiden Frauen meist im und nach dem Beurteilungsgespräch am Kasernenhof-Ritual. Neulich klagte eine Coachee mit Tränen in den Augen: «Mein Chef hat mir in der Beurteilung vorgeworfen, dass mir für einen Job im Management total der Biss fehlt.»

Sie kommen mit jeder verbalen Gemeinheit zurecht, wenn Sie sich innerlich laut genug sagen: Fremdumgang ist Selbstumgang.

Wer derart bösartig, überzogen, bissig, lieblos, aggressiv, rücksichtslos und hart mit anderen umgeht, geht auch so mit sich selbst um – deshalb ist er diesen Umgang so gewöhnt. Wenn ein Mann Ihnen also etwas höllisch Fieses an den Kopf wirft, denken Sie daran: Sie haben das bessere

Ende erwischt. Sie hören von dieser Hölle lediglich – doch er muss darin Tag für Tag leben. Er macht sich damit selbst das Leben zur Hölle. Und glauben Sie bloß nicht, Männer würden darunter nicht leiden. Sie leiden höllisch. Immerhin stellen sie 90 Prozent der Burn-out-Kandidaten, die Armen. Denken Sie also nicht: «Mit mir stimmt etwas nicht, wenn er mich so anpflaumt.» Das Problem haben nicht Sie, sondern er. Lassen Sie es dort.

10. Frauen aller Länder – gebt an!

Wenn Männer vom Leder ziehen

Mit manchen Männern könnte frau oft ganz vernünftig reden, wenn sie nicht immer wieder völlig unvermittelt und unter Einsatz von ganz erstaunlicher Verbalakrobatik urplötzlich das Gespräch auf so zusammenhanglose Dinge brächten wie

- welches tolle Prestigeprojekt sie derzeit betreuen,
- welche wichtigen Leute sie kürzlich getroffen haben; «Der Vorstand sagte übrigens erst gestern zu mir ...»,
- welche tollen Erfolge sie errangen und erringen,
- wie viele Millionen sie wieder mal bewegt haben,
- wie sie jemandem so richtig die Meinung gegeigt haben.

Solche verbalen Verirrungen in die unverhohlene Protzerei kennen Sie zur Genüge? Was läuft hier? Ohne jeden Zweifel ein Ritual. Ein Ritual, mit dem Männer Macht und Image pflegen. Wenn Männer glauben, ihr Image pflegen zu müssen, reden sie rituell über immer dieselben «tollen» Themen. Jägerlatein eben. Machen Frauen das auch? Aber sicher. Nur eben über frauenspezifische Themen. Wenn Frauen im Business ihr Image pflegen, reden sie paradoxerweise jedoch über private Themen, um das Image zu verbreiten: «Ich bin nicht nur die knallharte Abteilungsleiterin, sondern auch Mensch und Privatfrau.» Das ist schön und bescheiden. So bescheiden sind Männer nicht.

Das Angeber-Ritual

Wenn Männer ihr Image pflegen, geben sie an, dass sich die Balken biegen. Sie pflegen das Angeber-Ritual. Frauen verstehen dieses Ritual meist nicht und

- ärgern sich: «Warum sehen die anderen nicht, welche

billige Show er hier veranstaltet?» Sie verurteilen dieses Sich-zur-Schau-Stellen bis hinein in die Verachtung: «Das ist doch das Letzte, sich derart selbst auf die Schulter zu klopfen.»
- sind zwar verhalten neidisch, grenzen sich jedoch im selben Gedanken klar ab: «Wer große Töne spuckt, bringt es in dieser Firma weiter. Doch mich derart aufzublasen, wäre einfach unter meiner Würde.»
- machen mit, scheitern jedoch kläglich bei dem Versuch, den Angeber zu übertrumpfen.

Frauen glauben manchmal, die Spielregel beim Angeber-Ritual laute: «Übertrumpfe den anderen.» Das jedoch nehmen Männer immer übel – auch Männern. Denn die unausgesprochene Regel beim Angeber-Ritual lautet: «Jeder gibt an, so gut er kann – aber keiner lässt den anderen sein Gesicht verlieren.» Ein Mann verzeiht es einem andern nicht, wenn dieser ihn übertrumpft – und einer Frau schon dreimal nicht. Mann denke. Von einer Frau übertrumpft. Das ist die schlimmste Erniedrigung für einen Mann (auch heute noch) und wirkt auch auf nicht betroffene Männer, die dann über die Frau ablästern: «Eine männermordende Megäre. Pass bloß auf, was du sagst, wenn du mit der redest.» Megären werden gemieden und geschnitten – auch wenn ihr einziges Vergehen lediglich darin besteht, das Angeber-Ritual missverstanden zu haben.

Spielen Sie regelgerecht

Spielen Sie beim Angeber-Ritual mit – aber ohne Stechen.

Übertrumpfen Sie nicht. Ziehen Sie nur gleichwertige Karten und legen Sie sie mit typisch weiblichem Charme und Witz auf den Tisch. Zeigen Sie einfach nur: «Ich kann bei eurem Spiel mitspielen. Ich gehöre auch dazu.» Das ist mein Rat und gleichzeitig ein Problem: Die meisten Frauen können beim Angeber-Ritual nicht mitspielen, weil Frauen jahrhundertelang dieses Ritual nie spielten. Aus diesem Grund können Frauen in der Regel auch keine Witze erzählen: Das Ritual ist ihnen fremd. Können Männer von Geburt an Witze erzählen? Nein. Jeder Mann muss das erst lernen. Normalerweise dauert das Wochen und Monate, bei manchen Jahre.

Ähnlich verhält es sich mit dem Angeber-Ritual: Wenn Sie mitspielen wollen, sollten Sie es erlernen wie eine Fremdsprache. Als Orientierung dient Ihnen dabei die Frage: Wie spiele ich mit und gebe an, ohne mich dabei zu verbiegen und so protzig zu klingen wie die Männer und ohne jemanden zu übertrumpfen?

Jede Frau kann angeben (lernen) wenn sie ihre authentische Wortwahl sucht und findet.

Angeben ist keine Frage des Prinzips, sondern der Wortwahl: «Gestern habe ich das größte Projekt gelandet, das jemals in unserer Abteilung abgewickelt wurde.» So redet ein Mann. Eine Frau würde niemals diese Worte wählen (ohne sich verbiegen zu müssen). Erfahrene Businessladys drücken das so aus: «Gestern haben wir ein wirklich großes Projekt unter Dach und Fach gebracht. Es ist eines der größten in den letzten fünf Jahren.» Das wirkt. Und dabei muss sich keine verbiegen. Probieren Sie's aus.

Voraussetzung der Ritualteilnahme und Eigen-PR ist allerdings, dass Sie sich Ihrer Erfolge erinnern. Da liegt der Hase im Pfeffer. Viele Frauen kommunizieren ihre Erfolge nicht, weil ihr internes Ritual lautet: «Hast du einen Erfolg errungen, dann vergiss ihn ganz schnell.» Deshalb müssen sich selbst erfolgreiche Businessladys oft erst einmal eine kurze Auszeit nehmen, um sich an die aktuellen Erfolge zu erinnern, bevor sie Eigen-PR betreiben können. Erinnern Sie sich. Erinnern Sie sich vor allem prophylaktisch. Denn so sicher wie der Bürokaffee braun ist, werden Sie heute Männer treffen, die das Angeber-Ritual spielen. Wenn Sie dann erst über Ihre aktuellen Erfolge grübeln müssen, ist es für eine spontane Ritualteilnahme zu spät. Wie eine Seminarteilnehmerin sagte: «Ich lege mir schon morgens zurecht, mit welcher Erfolgsstory aus meinem Erfolgstagebuch ich heute an den laufenden Angeber-Ritualen teilnehmen möchte.» Merke: Sich auf fremde Rituale vorzubereiten, ist typisch Frau; nämlich sehr schlau und umsichtig.

Introvertierte Frauen haben selbst nach dieser prophylaktischen Erinnerung an ihre Erfolge Probleme mit dem Angeber-Ritual: Sie trauen es sich einfach nicht zu, über eigene Erfolge zu reden. Das geht in Ordnung. Machen Sie sich keine Vorwürfe. Sie müssen sich nicht verbiegen. Beginnen Sie einfach mit ganz kleinen Schritten. Steigen Sie ins Angeber-Ritual ein, wenn es gerade ganz gute Kollegen spielen, mit denen Sie ohnehin zwanglos reden können. Die merken es auch nicht, wenn Sie sich beim ersten Mal etwas ungeschickt anstellen. Spielen Sie auf diese Weise auf Nummer sicher, bis Sie sich an größere Angeberpartien heranwagen. Wer kleine Erfolge ehrt, ist der größeren wert.

Emanzidötchen

Anke hört in der Kaffeeküche den Kollegen zu, wie sie in fast jeder Kaffeepause eine Partie Angeber-Ritual spielen, danach aber das ganze schmutzige Kaffeegeschirr unaufgeräumt herumliegen lassen. Anke hat deshalb ihre eigene Beteiligung am Angeber-Ritual entwickelt. Sie spricht regelmäßig das Schlusswort: «Ihr habt zusammen über 20 Millionen Euro verschoben, aber eure Kaffeetassen kriegt ihr nicht in den Geschirrspüler?» Zugegeben, das ist schnippisch. Aber es wirkt. Die Millionenhirsche räumen danach ihren Saustall auf.

Teil III:
Ritual-Management

11. Rituale regeln Zugehörigkeit

Und ist es nicht Wahnsinn, so hat es doch System

Inzwischen haben Sie eine Menge Männerrituale kennen gelernt. Wenn Sie demnächst ein Kollege, Kunde oder Vorgesetzter von der Seite anquatscht, was machen Sie? Sie versuchen sich daran zu erinnern, welches Ritual er gerade pflegt? Das können, das müssen Sie jedoch nicht. Manchmal fällt einem ja die Zuordnung wirklich leicht, vor allem wenn es sich um solche plakativen und leicht zu merkenden Rituale wie das Betatier-Ritual (s. Kapitel 5) oder die Rituale im Old Boys' Network (s. Kapitel 2) handelt. Doch es gibt nach groben Schätzungen mehrere Dutzend Männerrituale – da können Sie nicht alle kennen, geschweige denn sie sich merken.

Das brauchen Sie auch nicht. Sie brauchen schlicht nur den gemeinsamen Nenner aller Rituale zu erkennen, um mit wirklich jedem Business-Ritual fertig zu werden. Der gemeinsame Nenner aller Rituale ist simpel:

Rituale steuern Gemeinschaften (so genannte Systeme).

Wegen dieser zentralen Funktion können Rituale einfach und schnell mit der Systemik analysiert und bewältigt werden. Die Systemik ist quasi die magische Lehre der guten Business-Hexe. Um ein Ritual zu erkennen und zu meistern, brauchen Sie nicht zu wissen, um welches Ritual es sich handelt. Es reicht völlig, wenn Sie dessen vier systemische Dimensionen erkennen:

- *Zugehörigkeit*: Rituale regeln, wer zu einem System gehört und wer nicht – im Beruf sind es meist Frauen, die nicht «dazu»gehören.
- *Rangordnung*: Rituale regeln, welchen Rang auf der innerbetrieblichen (oder gesellschaftlichen) Hackord-

nung Menschen einnehmen – in Beruf und Gesellschaft sind für Frauen die unteren Ränge reserviert.

- *Loyalität*: Rituale regeln, ob und auf wen wir uns verlassen können und wer uns unterstützt – im Beruf sind das recht wenige.
- *Ausgleich von Geben und Nehmen:* Rituale regeln, ob überhaupt und welchen Ausgleich wir für das bekommen, was wir leisten – meist bekommen wir weniger, als wir geben.

Diese vier Ebenen betrachten wir im Folgenden genauer.

Das Ritual sagt, wer dazugehört und wer nicht

Rituale regeln, wer zu einem System gehört und wer nicht. Deshalb fühlen sich Frauen im Business und vor allem in Führungspositionen oft so, «als ob ich nicht dazugehöre»: Sie gehören aus Sicht des Männersystems auch tatsächlich nicht dazu. Aber nicht, weil sie Frauen wären, sondern weil sie die Rituale nicht mitspielen, welche die Zugehörigkeit zum System regeln.

Rituale sind Erkennungszeichen, sozusagen Mitgliederausweise für Systeme.

Wenn Sie bei einem Business-Ritual mitmachen, zum Beispiel beim relativ problemlosen Angeber-Ritual (s. Kapitel 10), dann sind Sie nicht länger außen vor, sondern gehören zumindest bis zum nächsten Ritual «dazu». Wenn Sie dagegen beim Zotenwitz-Ritual nicht mitspielen, bei dem sich Männer schmutzige Witze erzählen, gehören Sie nicht dazu – worüber die meisten Frauen erfreut sind: «Zu so einer dumpfen Stammtischrunde möchte ich auch gar nicht gehören.» Die Teilnahme oder eben Nichtteilnahme an Ritualen ist damit ein Steuerungsinstrument in Ihrer Hand, mit dem Sie ganz klar selbst bestimmen können, wo Sie dazu- und wo Sie nicht dazugehören möchten. Nebenbei bemerkt: Auch die meisten Männer sind ganz froh, wenn beim Zotenwitz-Ritual Frauen für Nichtteilnahme optieren.

Sie müssen als Frau im Business nicht immer und überall mit dabei sein. Das hängt ganz vom Ritual ab.

Bei manchen Ritualen ist es aus Sicht aller Beteiligten besser, wenn Frauen nicht teilnehmen, sondern ihre eigenen Rituale pflegen. Viele Frauen verraten mir: «Es wirkt unheimlich befreiend, seit ich weiß, dass ich nicht überall dabei sein muss, um dazuzugehören.»

Wenn Rituale Geschichte machen

Der Gründer eines großen deutschen Küchengeräteherstellers gründete sein Unternehmen mit dem Motto: «Wir machen die besten Küchengeräte.» Diese Philosophie stiftete eine Menge Rituale in der Firma. Rituale, die implizieren: «Wir machen die besten Küchengeräte – natürlich für Frauen.» Keiner hätte gedacht, dass diese Rituale, so positiv sie gemeint waren, im Umkehrschluss dafür sorgten, dass Jahrzehnte nach Firmengründung immer noch keine Frau im Management der Firma saß. Denn wie kann eine Frau im Management sitzen, wenn sie doch in der Küche stehen muss, um die Geräte gut zu finden?

Bei dieser Firma kämpfen Frauen seit Jahren um den Aufstieg. Vergeblich. Nicht nur vergeblich, sondern sinnlos. Zwar beten Gewerkschafterinnen und Emanzen den Spruch wie ein Mantra herunter: «Diese Männerbastion knacken wir auch noch.» Doch das zeigt nur, dass es auch Frauen gibt, die eine typische Frauendomäne nicht beherrschen: das systemische Denken. Denn solange in dieser Firma das Wort des Gründers gilt, sein Ansehen intakt ist und kein anderer, vergleichbar mächtiger Mann die Gründerrituale offiziell und unter Mobilisierung einer kritischen Männermasse durch Rituale der Gleichberechtigung ersetzt, werden nur die vereinzelten Vorzeige-Alibi-Frauen nach oben durchgelassen – auch wenn sich Gewerkschafterinnen zweimal im Jahr an die Hauptpforte ketten. Rituale sind immer stärker als alle Ketten dieser Welt. Rituale sind die eigentlichen Ketten dieser Welt ...

Rituale regeln die Zugehörigkeit. Und im Falle dieser Firma regelt die Gründerphilosophie nun mal: «Frauen gehören in die Küche.» Die gute Nachricht dabei: Wer als Frau bei dieser Firma arbeitet und mit einem Aufstieg ins Management spekuliert, kann sich sofort nach einem neuen, besseren Arbeitgeber umschauen. Und soweit ich die Sache überblicke, empfehlen genau das auch alle Coaches und Karriereberater, die mit systemischem Hintergrund beraten. Ein System, das mir so klar zu verstehen gibt, dass ich als Frau es nie und nimmer schaffen werde, dem bin ich dankbar dafür, dass es mir rechtzeitig den Tipp gibt, mich anderswo umzusehen – wenn ich Rituale und die dahinter stehende Firmenphilosophie lesen kann.

Wenn Ihnen etwas im Business komisch vorkommt, nehmen Sie einfach auf Verdacht an, dass es sich um ein Ritual handelt, und fragen Sie: Inwieweit regelt dieses Ritual die Zugehörigkeit wozu?

Rituale sind wie Landminen

Am Beispiel des Küchengeräteherstellers erkennen Sie eine der gefährlichsten Eigenschaften von Ritualen: Sie sind oft so gut getarnt, dass frau sich erst die Finger verbrennen muss, um sie zu erkennen.

Ideologien verdecken Rituale.

Nach diesem Rezept wurden und werden komplette Gesellschaften, Dynastien und Herrschaftsformen konstruiert. Die an sich «wertfreie» Ideologie des Kapitalismus zum Beispiel möchte schlicht all jene Rituale unauffällig tarnen, die dazu führen, dass 95 Prozent des Weltvermögens in den Händen von 3 Prozent der Superreichen sind.

Auf unser Beispiel des Küchengeräteherstellers bezogen: Wer würde nicht einer Philosophie applaudieren, die die «besten Küchengeräte» propagiert? Genau das bewirkt die Ideologie: Während die Medien, die Politik und die Öffentlichkeit die tolle Firmenphilosophie beklatschen, übersehen sie völlig, dass seit Jahrzehnten in dieser Firma keine Frau auf einer nennenswerten Führungsposition zu finden ist. Die Ideologie funktioniert: Sie tarnt alle Rituale, die Frauen draußen und unten halten.

12. Rituale regeln die Rangordnung

Das Ritual sichert den Rang

Rituale regeln nicht nur, wer zu einem System gehört und wer nicht. Sie regeln auch Position, Hierarchie und Rangordnung innerhalb ihres Systems. Hoppla, werden Sie jetzt vielleicht denken: Das Ritual bestimmt die Rangordnung in Unternehmen, Abteilung, Arbeitsgruppe, Familie, Gemeinde, Verein ... und nicht die offizielle Hierarchie. Doch das wird Sie wohl kaum wundern. So etwas haben Sie sicher auch schon beim Anblick der realen Verhältnisse vermutet.

Jede Position hat ihre Rituale. Wer sie pflegt, hat sie inne.

Ein Satz mit Dynamit. Was er besagt, ist nicht mehr und nicht weniger als: Es spielt keine Rolle, ob Sie zur Abteilungsleiterin befördert wurden – wenn Sie die zugehörigen Rituale nicht begehen, gilt die Beförderung als null und nichtig. Kein Mensch wird Sie dann als Abteilungsleiterin akzeptieren – und genau darüber beklagen sich viele weibliche Führungskräfte: «Die Männer akzeptieren eben keine Frau als Vorgesetzte.» Falsch. Sie akzeptieren keinen Vorgesetzten, der auf Vorgesetzten-Rituale verzichtet. Sie akzeptieren auch keinen männlichen Vorgesetzten, der auf seine Chef-Rituale verzichtet.

Chef-Rituale darf nur der Chef spielen

Chefs dürfen zum Beispiel zu spät zu Meetings kommen, die Sekretärin beim Vornamen nennen, dem Mitarbeiter von oben herab die Hand auf den Arm legen, auf der Schreibtischkante des Mitarbeiters sitzen, die Füße in Anwesenheit anderer auf den Tisch legen, den Mitarbeiter nach der Familie fragen ... Wenn sich ein Mitarbeiter herausnähme, diese Rituale seinerseits auf den Chef anzuwenden, würde er ein Donnerwetter zu hören bekommen, das die Firma in den Grundfesten erschüttert – oder sich unsterblich blamieren. Umgekehrt gilt aber auch: Beförderung ist Schall und Rauch.

Erst ein Chef, der Chef-Rituale pflegt, wird als Chef anerkannt.

Tut er das nicht, wird er als Sonderling, Weichei oder «ganz sympathischer Kerl, so kollegial» wahrgenommen – aber nicht als Chef. Dabei ist es schnurzegal, ob der Chef ein Mann oder eine Frau ist. Pflegt er/sie die Rituale nicht, ist er/sie auch kein Chef. Harte Sitten sind das im Business.

Natürlich mag es jede Sekretärin, wenn der Chef sie mit Nachnamen anredet und nicht betatscht. Sie hält ihn dann für einen netten Kerl – jedoch nicht oder nur unter «ferner liefen» für einen Vorgesetzten. Das heißt im Umkehrschluss nun nicht, dass betatschen muss, wer als Chef wahrgenommen werden will, oder dass Frauen nur als Chef akzeptieren, was grabscht. Das heißt lediglich, dass mann oder frau als Chef zwar auf einige, aber nicht auf alle Chef-Rituale verzichten darf, wenn er oder sie nicht ihren Rang als Chef verlieren will. Aus diesem Zusammenhang ergibt sich etwas recht Paradoxes, was die Macht im Amt anbelangt.

Das Machtparadoxon

Entgegen der landläufigen Meinung wird Macht nicht qua Amt oder Position verliehen, sondern nur aus den Ritualen.

Dasselbe gilt für Image, Status und Ansehen. Ein Vorstandsvorsitzender, der aus falsch verstandener Kollegialität und «partizipativer Führung» zu wenig Chef-Rituale benutzt, wird nicht als Vorstandsvorsitzender akzeptiert. Da kann er machen, was er will. Rituale sind immer mächtiger als jedes Amt. Das ist allerdings paradox: Frauen meinen oft, dass sie nicht geschaffen seien fürs Management, weil sie die dort herrschenden Machtspielchen nicht spielen möchten. Dabei hat Macht nichts mit Beförderung, aber alles mit Ritualen zu tun.

Wenn Sie bei diesem Zusammenhang noch leicht zweifelnd die Stirn in Falten legen, erinnern Sie sich bitte an den Hauptmann von Köpenick: Wie viele von den «einfachen Leuten» hatte auch er ein untrügliches systemisches Gespür. Die einfachen Leute leiden seit Jahrtausenden unter den herrschenden Systemen – sie bekommen die Systemik quasi in die Wiege gelegt. Der gute Hauptmann wusste genau und wusste es auch auszudrücken, dass man kein Amt haben muss, um Macht zu haben. Es reicht, sich die nötigen Chef-Rituale anzueignen und sie nur so überzeugend wie ein Chef abzuspulen. Als der Kaiser davon hörte, soll er gelacht haben: Auch die Herrschenden durchschauen recht oft die Leere ihres Amtes und die Machtfülle der Rituale.

Heißt das, dass Sie ab sofort die Füße auf den Tisch legen müssen, um als Vorgesetzte anerkannt zu werden?

Chef-Rituale für die Chefin

Sie können beruhigt die Füße wieder vom Tisch nehmen:

> Chefinnen sollten keine Chef-Rituale, sondern Chefinnen-Rituale pflegen.

Natürlich brauchen Sie Rituale, um in Ihrer Vorgesetztenposition auch tatsächlich anerkannt zu werden. Aber nehmen Sie dabei bitte nur jene Rituale, die auch funktionieren. Was an einem Mann gut aussieht, sieht nicht unbedingt an einer Frau gut aus. Sie müssen auch nicht unbedingt wie ein Chef zu spät zum Meeting kommen. Suchen Sie sich einfach jene Chef-Rituale aus,

- die eindeutige Auswirkungen auf Ihre wahrgenommene Position haben.
- die zu einer Frau passen, denn Sie wollen sicher nicht unfreiwillig komisch aussehen.
- die zu Ihrem persönlichen Gusto passen, denn Sie wollen sich sicher nicht verbiegen müssen.

Um als Vorgesetzte anerkannt zu werden, brauchen Sie Rituale.

Chef-Rituale, die von erfolgreichen Businessladys eingesetzt werden, sind zum Beispiel

- *bedeutungsvolle Sprechpausen:* Wenn die Chefin sich plötzlich unterbricht und einen Mitarbeiter schweigend anschaut, dann weiß jeder, dass gleich was Wichtiges passieren wird.
- *bedeutungsvolle Blicke:* Frauen können sehr viel länger und öfter Blickkontakt halten als Männer – und können das auch sehr gut als Rangritual einsetzen.
- *mitten im Meeting aufstehen, umhergehen und dabei weiterreden:* Das darf wirklich nur der Chef, und das kriegen Frauen wunderbar hin.
- *bedeutungsvolle Stimmführung:* mit der Stimme langsamer werden und tiefer sprechen.
- *das Ansprechen des Gegenübers mit seinem Namen:* «Herr Meier, nun kommen Sie mal zum Ende.»

Welche Rituale fallen Ihnen darüber hinaus ein? Machen Sie auf der nächsten Seite eine Liste, wenn Sie möchten. Was man schwarz auf weiß besitzt …

Welches Chef-Ritual passt darüber hinaus zu jeder Frau, ohne dass sie sich verbiegen muss? Erraten Sie's? Ja, natürlich, das Delegieren. Delegieren darf eben nur der Chef. Ein schönes Business-Ritual, das nur einen Haken hat: Frauen haben Riesenprobleme damit.

Das Delegationsritual

Es gibt eine Menge Rituale, mit denen Frauen im Business sich das holen können, was ihnen zusteht. Die meisten dieser Rituale haben nur einen Haken: Frauen haben keinerlei Übung darin. Im Gegenteil: Sie machen oft das genaue Gegenteil.

Die sich aufopfernde Vorgesetzte ist so ein Gegenteil. Die Vorgesetzte, die denkt: «Wenn das gut gemacht werden soll, muss ich es schon selbst machen.» Die Vorgesetzte, die jede kalte Rückdelegation eines gewieften Mitarbeiters klaglos schluckt und sagt: «Sie kommen damit nicht klar? Dann geben Sie halt mal her, ich mache das schon.» Die Vorgesetzte, die mehr Überstunden und Wochenendarbeit schiebt als alle untergebenen Männer und dabei auch noch eine Beziehung, wenn nicht eine Familie am Abgrund entlang jongliert. Warum tut sie sich das an? Weil:

Frauen haben eine Delegationsschwäche. Emanzipieren Sie sich davon.

Die tragische Ironie daran: Viele Businessladys glauben, dass sie eine gute Mitarbeiterin, eine gute Chefin sind und dafür Anerkennung bekommen, wenn sie sich aufopfern. Wirklich tragisch. Denn das Gegenteil ist der Fall: Eine Chefin, die sich aufopfert, über die macht man sich lustig, die nutzt man aus, der verweigert man jeden Respekt, die wird teilweise sogar verachtet. Das ist ungerecht? Nein, das ist Ritual. Wer sich nicht wie eine Chefin aufführt, wird auch nicht als Chefin anerkannt.

Was tun? Reißen Sie sich am Riemen, buchen Sie ein Coaching, besuchen Sie ein Seminar oder lesen Sie ein gutes Führungsbuch. Egal, was Sie tun: Räumen Sie endlich Ihre Vorbehalte gegen das nötige und nützliche Delegationsritual aus. Aber machen Sie es schnell. Manchmal geht es so leicht wie bei Elvira.

Wer delegiert, wird anerkannt

Elvira führte jahrelang mit der stillen Überzeugung: «Wenn es in diesem Laden laufen soll, dann muss ich wohl alles selber machen.» Denn ihre Mitarbeiter respektierten sie nicht die Bohne und trieben ständig quer oder leisteten Dienst nach Vorschrift. Irgendwann riss ihr der Geduldsfaden, und sie sagte zwar charmant lächelnd, aber recht deutlich zu einem der Rädelsführer: «Herr Meier, Sie können sich hier auf den Kopf stellen, aber Sie legen mir bis morgen 14 Uhr den Projektbericht vor, sonst werde ich ungemütlich.» Danach erschrak Elvira über ihren eigenen Mut: «Herrje, so kann ich doch nicht mit dem Mitarbeiter reden. So streng, so unpersönlich, so respektlos.» Sie können sich ihre Verwunderung vorstellen, als am folgenden Tag punkt 13.30 Uhr der komplette Bericht auf ihrem Tisch lag und der Mitarbeiter sogar nachfragte, ob es so in Ordnung sei. Elvira: «Das hat er noch nie gemacht.»

Auch sonst hat sich seither einiges geändert: «Seit diesem Tag respektiert mich der Mitarbeiter. Ich muss manchmal etwas deutlich werden, doch ich musste nie wieder so deutlich werden wie an diesem Tag. Und auch alle anderen Mitarbeiter schauen mich jetzt anders an.» Elvira hat erschüttert erkannt: «Das war nicht unhöflich, wie ich mit dem Mitarbeiter umsprang – das war genau das, was die Mitarbeiter seit Jahren von mir erwarteten und ich ihnen nicht gab.» Weil sie dachte, dass frau so nicht mit Mitarbeitern reden dürfe.

Mitarbeiter erwarten Führungsrituale.

Geben Sie sie ihnen nicht, sind Sie in ihren Augen keine Führungskraft und werden auch nicht als solche respektiert. Frauen, die führen, wollen als kompetente, partnerschaftliche Führungskräfte wahrgenommen werden und verzichten deshalb oft in bester, mitarbeiterorientierter Absicht auf Führungsrituale. Dadurch sabotieren sie ihre eigene Absicht: Sie werden nicht als Führungskräfte wahrgenommen. Wer dagegen nicht unbedingt Machtrituale einsetzt, aber zumindest Rituale, die Orientierung vermitteln und eine Rangordnung herstellen, wird auch gemäß der Rangordnung akzeptiert, welche diese Rituale herstellen. So einfach ist das. Oder wie schon Oma sagte: «Wenn du Chefin sein willst, dann verhalte dich wie eine.»

Wenn Sie als Führungskraft akzeptiert werden wollen, sollten Sie auch führen.

13. Rituale regeln Loyalität

Verraten und verkauft

Inzwischen werden Sie womöglich mit einigem Grausen die Macht der Rituale konstatiert haben: Nicht die Position bringt die Macht zur Geltung, sondern das Ritual. Noch viel gravierender ist es mit der Loyalität.

> Menschen fühlen sich weder Vorgesetzten noch Firmen verpflichtet. Sie sind vielmehr ihren Ritualpartnern loyal.

Ein krasses Beispiel dafür haben wir bereits in Kapitel 2 kennen gelernt. Dort erzählte eine Businesslady:

> «Ich konnte es kaum fassen, als ich dahinterkam. Doch die Männer sprechen im Netzwerk sogar ihre Attacken aufeinander ab. Ich weiß zum Beispiel von unserem Verkaufsleiter, dass er zum Marketingleiter in einem informellen Treffen des Old Boys' Network sagte: ‹Du, im nächsten Meeting der Geschäftsleitung muss ich dich wegen der Kfz-Werbekampagne anschießen. Nimm das nicht persönlich. Ich muss mir einfach gegenüber dem Finanzvorstand Luft verschaffen.› Darauf sagte der zum vorgetäuschten Abschuss freigegebene Marketingleiter: ‹Geht klar, du gibst mir dann Schützenhilfe, wenn ich das Zusatzbudget durchpauke.› Und selbstverständlich ging auch das klar – obwohl alle anderen Abteilungen ihre Budgets kürzen müssen.»

Das Ritual ist stärker als die Ehe

Das muss man sich mal vorstellen. Der Marketingleiter müsste als Manager doch wohl seiner Firma gegenüber loyal sein und keine Budgetverfehlung unterstützen, die der Firma schadet. Doch diese gesetzliche und moralische Loyalität schießt er in den Wind zugunsten der Loyalität gegenüber dem Ritualpartner. Er verrät sogar die eigene Abteilung, seine eigenen Mitarbeiter und seine eigenen Abteilungsziele, denen er noch eine viel engere Loyalität schuldig wäre – denn die Ritualloyalität bricht alle anderen Verpflichtungen.

Die Ritualloyalität bricht jede Unternehmens-, Gesetzes-, Abteilungs-, Familien- oder gar Partnerloyalität.

Genau das beklagen Frauen doch: «Du bist mit der Arbeit verheiratet und nicht mit mir.» Sie sagen das meist in vorwurfsvollem Ton. Dabei ist der Vorwurf verschwendet: Menschen sind nicht ihrem (angetrauten) Beziehungspartner treu, sondern dem Ritualpartner. Wenn die Beziehungspartnerin zufällig auch Ritualpartnerin ist, haut das hin. Ist sie das nicht, trifft das Sprenger-Diktum zu: «Eine Managerfrau ist eine Witwe, deren Mann noch lebt.»

Ritualloyalität ist unsichtbar

Ritualloyalität kann man nicht sehen. Man sieht die Firma oder die Abteilung und denkt unwillkürlich: «Die Abteilungsmitglieder sind natürlich untereinander solidarisch.» Pustekuchen. Sie sind in erster Linie ihren Ritualpartnern loyal. Sofern diese in derselben Abteilung sitzen, Glück gehabt. Tun sie das nicht, umso schlimmer. Denn im Gegensatz zur Abteilung sieht man das rituelle Netz nicht.

Das erfuhr auch eine Geschäftsleitung, die eine besondere Reportpflicht für ihre Verkaufsingenieure einführen wollte und dabei ausgerechnet von der F&E-Abteilung Sperrfeuer bekam, welche die Software für die Reports erstellen sollte. Der Geschäftsführer fragte verwundert, nachdem sein schönes Projekt zum Stehen gekommen war: «Aber Sie sind doch Forscher und Entwickler. Sie müssten doch auch ein Interesse daran haben, dass die Verkäufer akkurat berichten.» – «Nein», wurde ihm daraufhin erwidert, «wir haben kein Interesse daran, dass Ingenieurskollegen unnötig getriezt werden.» Genau diese Loyalität hatte die Geschäftsleitung übersehen: Ihre Ingenieure sind nicht in erster Linie ihrem Unternehmen loyal, sondern in erster Linie den anderen Ingenieuren in ihrem Ritualnetzwerk.

14. Rituale regeln den Ausgleich

Die Gleichgewichtsfunktion von Ritualen

Rituale regeln, wer zum System gehört und wer nicht. Sie regeln, welchen Rang jeder und jede im System einnimmt. Sie regeln, wer wem gegenüber loyal ist und wem gegenüber nicht. Und sie regeln den Ausgleich zwischen Geben und Nehmen, der jedes System im Gleichgewicht hält.

Ein schönes Beispiel für diese Reglerfunktion ist das Vaterkomplex-Ritual (s. Kapitel 3, Seite 37 f.), das den Ausgleich so regelt: Der Business-Vater gibt der Business-Tochter väterlichen Schutz, dafür gibt sie ihm den Gehorsam einer folgsamen Tochter. Hält sich jeder an diese rituelle Gleichgewichtsregelung, funktioniert das Ritual und alle sind glücklich dabei (sofern die Tochter keine höheren Ambitionen hat, also das System nicht verlassen möchte).

Menschliche Systeme sind stets um Ausgleich von Geben und Nehmen bemüht.

Denn jedes System strebt nach Homöostase, nach einem Gleichgewichtszustand. Leider spielen viele Businessladys bei Ritualen mit, ohne auf dieses Gleichgewicht zu achten. Ein Beispiel dafür ist das Übermutter-Ritual.

Das Übermutter-Ritual

Es wird so viel Gutes über den «typisch weiblichen Führungsstil» erzählt. Das ist die typisch journalistische, einseitige Sichtweise. Natürlich sind Erdbeeren gut. Doch wenn ein halbes Kilo zermantscht auf der nagelneuen weißen Bluse der fünfjährigen Tochter klebt, kann keine Mutter etwas Gutes daran finden. Im Klartext: Der typische weibliche Führungsstil ist in Teilen gut, in anderen Teilen benachteiligt er

Businessladys massiv. Diese Benachteiligung wird gerne auf die bösen Männer geschoben. Das ist Emanzenpropaganda. Denn schuld daran sind nicht die bösen Männer, sondern die Rituale. Typisch dafür ist das Übermutter-Ritual, das wiederum typisch für den weiblichen Führungsstil ist.

Wenn eine unerfahrene Business-Hexe das Übermutter-Ritual spielt, sagt sie sich (natürlich unbewusst): «Ich helfe jedem, der meine Hilfe braucht; auch dem großspurigen Kollegen, den ich nicht leiden kann, der sich ständig wegen seiner Nachlässigkeit in die Bredouille bringt und dann fünf Minuten vor Feierabend zu mir ins Büro schneit und mir die Scherben hinkippt, damit ich die Kastanien aus dem Feuer hole – selbst ihm helfe ich noch.»

Natürlich gibt es keine Frau, die nicht merken würde, dass sie sich hier nach Strich und Faden ausnutzen lässt – doch wenn frau erst mal auf der Ritualschiene fährt, ist es schwer, von der Gewohnheit runterzukommen. Warum? Weil die meisten Frauen das Ritual zwar zeitraubend und stressig finden, jedoch auch viel Gutes daran sehen: Schließlich geben sie auf diese Weise so vielen Menschen so vieles. Das ist doch gut, wenn man gibt. Nein. Das haben uns nur unsere Mütter eingeredet, deren Mütter es ihnen eingeredet haben, deren Mütter ... Auch das ist nichts anderes als ein Ritual.

Wie frau undankbare Gören produziert

Wer das Übermutter-Ritual spielt, also ständig gibt und gibt und gibt, tut damit beileibe nichts Gutes, wie Hexen-Azubis gerne annehmen. Sie provoziert damit vielmehr ein Ungleichgewicht zwischen Geben und Nehmen und bringt das System aus dem Gleichgewicht. Bei Frauen mit Übermutter-Ritualsucht sieht die Bilanz so aus:

Geben = 100
Nehmen = 10
Negativsaldo = – 90

Die Folgen dieses Ungleichgewichts erleben Businessladys jeden Tag: Die Kollegen oder Mitarbeiter sind eben nicht dankbar und froh, dass sich hier eine für sie aufopfert. Sie zollen der Übermutter auch keineswegs Respekt und Anerkennung für ihre übermenschliche Geberleistung. Im Gegenteil. Sie nutzen die gute Mutter nach Strich und Faden aus, sind undankbar und verspotten sie auch noch: «Mit der kann man's machen. Die schluckt alles. Wozu noch selber arbeiten, wenn die sowieso alles übernimmt?» Das geht oft bis zum Ungehorsam: Je gütiger die Übermutter ist, desto unzufriedener, quengeliger und widerborstiger werden die Mitarbeiter und Kollegen. Eine Businesslady sagte jüngst dazu: «Die verhalten sich wie verzogene Kinder, total undankbar.» Das trifft es auf den Punkt.

Wer Kinder zu sehr verwöhnt, der «verzieht» sie zu undankbaren Gören, die ständig nur fordern und nichts geben wollen. Wenn es um Kinder geht, weiß das jede Frau. Wenn es ums Business geht, vergessen es die meisten. Denken Sie dran:

Familie und Business sind beides Systeme. Die Gemeinsamkeiten dieser Systeme sind größer als deren Unterschiede.

Nehmen ist so wichtig wie Geben

«Ich gebe denen so viel, und die sind so undankbar.» Hätte ich jedesmal, wenn eine Businesslady das zu mir sagt, einen Euro bekommen, hätte ich mich schon zur Ruhe setzen können. Jetzt wissen Sie auch, warum die lieben Kinder, Kollegen, Kunden, Beziehungspartner, Vorgesetzten oder Mitarbeiter so undankbar sind: Das Gleichgewicht im System ist gestört. Die Übermutter stört das Gleichgewicht, weil sie so viel mehr gibt, als sie nimmt. Das System reagiert darauf mit akuter Undankbarkeit, Trotz und Ungehorsam.

Wenn Sie Ihr System im Gleichgewicht halten und zufrieden und erfolgreich führen wollen, schaffen Sie einen Ausgleich von Geben und Nehmen.

Das hört sich einfach an, und vielen Frauen fällt es auch leicht, das Ungleichgewicht zu korrigieren, sobald sie es erkannt haben. Die meisten Frauen haben jedoch ein Problem damit. Wer so viele Jahre immer nur gegeben hat, weiß oft nicht mehr, wie Nehmen geht. Manchmal muss frau hart an sich arbeiten, um wieder nehmen zu können. Oft ist für diese Arbeit auch die Unterstützung eines weiblichen Coaches nötig. Denn viele Frauen tun jahrelang so, als hätten sie keine Bedürfnisse und bräuchten nichts. Das ist zwar eine edle Einstellung – sie verhindert jedoch das wichtige Gleichgewicht zwischen Geben und Nehmen. Und es vergrätzt die Männer, die gut und gerne etwas geben würden, aber dabei abblitzen. Diese Ablehnung verlieren viele Frauen erst im Coaching.

Wie Nehmen geht

Nehmen wir das Beispiel der eingangs erwähnten Übermutter wieder auf. Sie putzt auch noch fünf Minuten vor Feierabend die Sauerei des unsympathischen, nachlässigen Kollegen auf und kriegt dafür nichts als Gegenleistung (nichts als Spott hinter ihrem Rücken). Inzwischen hat sie

- ihren Übermutterkomplex erkannt (Erkenntnis ist der erste Schritt zur Besserung),
- fast alle Gelegenheiten aufgelistet, bei denen die Übermutter mit ihr durchgeht (was frau schwarz auf weiß besitzt ...),

- sich entschlossen, bei den leichtesten Gelegenheiten anzufangen,
- beschlossen, dabei nicht länger nur zu geben, sondern auch zu nehmen,
- erkannt, dass keiner ihr etwas auf Anhieb geben wird, weil sie seit Jahren nur gibt, nichts nimmt und nichts einfordert,
- deshalb eingesehen, dass sie einfordern muss, wenn sie empfangen möchte,
- sich vorgenommen, nie wieder etwas abzulehnen, das man ihr gibt,
- sondern alles, was man ihr anbietet, gerne und dankbar anzunehmen – damit das System endlich wieder ins Gleichgewicht kommt.

Die kurierte Übermutter

Die Übermutter in unserem Beispiel heißt Petra. Als der nachlässige Kollege wieder mal fünf Minuten vor Torschluss bei ihr einfällt, findet er sie gut vorbereitet. Sie sagt: «Michael, du weißt, dass ich spätestens um sechs bei meinen Kindern sein möchte. Ich kann die Sache wieder ausbügeln – morgen früh. Ich lege dir die Angelegenheit bis zirka 10 Uhr auf den Tisch – wenn ich zuvor die Feasibility-Studie von dir kriege, auf die ich seit drei Wochen warte.» Der Kollege guckt erstaunt, schluckt, fängt an zu handeln, sie mit seinem Charme einzuwickeln – doch Petra besteht auf einem Ausgleich von Geben und Nehmen. Am anderen Morgen liegt, oh Wunder, die Studie auf ihrem Tisch. Zwar nicht komplett, doch immerhin ist ein bisschen Nehmen besser als nur Geben.

Was Petra jedoch noch viel mehr als das überraschende Auftauchen der wochenlang überfälligen Studie erstaunt, ist das radikal veränderte Verhalten des nachlässigen Kollegen: «Der bedankt sich jetzt artig für alles, was ich für ihn tue.

Das hat er früher nie getan. Der ist jetzt richtig dankbar für meine Unterstützung.» Weil er jetzt endlich weiß, was er an ihr hat. Weil etwas, für das man nichts geben muss, auch nichts wert ist. Weil man etwas, das man nimmt, nur dann schätzen kann, wenn man dafür auch etwas gibt. Weil kein Mensch einen anderen Menschen respektiert, der immer nur gibt und nichts dafür nimmt. Männer haben das Problem übrigens in der spiegelbildlichen Variante: Sie nehmen lieber, als sie geben, und bringen damit ihr System aus dem Gleichgewicht: ihre Beziehung, ihre Ehe, ihre Familie, ihre Abteilung, ihre Projektteams ...

Natürlich ist die Versuchung für Frauen groß, in Business und Beziehung lieber zu geben als zu nehmen – weil Frauen das in vielerlei Ritualen schon als Mädchen lernen. Typisch: Kleine Mädchen helfen der Mutter im Haushalt, kleine Jungs nicht. Doch denken Sie daran: Diese anerzogene Versuchung ist nichts weiter als eine rituelle Versuchung. Und Versuchungen sollte frau nicht immer nachgeben, wenn frau weiß, was gut für sie ist. Sorgen Sie stets dafür, dass Ihr System im Gleichgewicht von Geben und Nehmen ist. Sie müssen diesen Ausgleich ja nicht wie ein persischer Teppichhändler in gleicher Münze herstellen. Es muss nicht «Auge um Auge, Zahn um Zahn» sein. Doch wenn Sie viel für andere tun, dann können, nein, dann müssen Sie unter allen Umständen darauf bestehen, dass andere wenigstens etwas auch für Sie tun. Sonst kippt Ihr Ökosystem.

Einfordern und Annehmen von Gegenleistungen sind weibliche Schwächen. Arbeiten Sie daran.

Keine Angst, den Ausgleich müssen Sie nur die ersten Wochen aktiv einfordern. Danach kapieren alle im System: «Hurra, die Übermutter hat sich endlich zurückgezogen.» Ihre Kollegen und Mitarbeiter lernen: Ab jetzt musst du auch etwas geben, wenn du etwas von ihr willst. Sobald dieser Lerneffekt einsetzt, müssen Sie nicht mehr einfordern. Sie können sich zurücklehnen und dankbar die Dinge annehmen, die man Ihnen entgegenträgt. Ab diesem Zeitpunkt werden Sie übrigens auch mehr respektiert.

15. Frauen gehören nicht dazu

Rituale haben System!

Wie Sie vielleicht amüsiert wahrgenommen haben, haben Sie in den vorangegangenen vier Kapiteln quasi en passant einen Blitzeinstieg in eine neue Teilwissenschaft erlebt: die Systemik.

Henry Mintzberg meinte einmal: «Wir verbringen den größten Teil unseres Lebens in Organisationen, haben aber keine Ahnung, wie sie funktionieren.» Das trifft den Nagel auf den Kopf. Chauvinismus und Diskriminierung am Arbeitsplatz sind zwar ärgerliche Phänomene, doch am besten und griffigsten lassen sie sich mit Hilfe der Systemik beschreiben, erklären und so bewältigen, dass Frauen im Business nicht länger das Nachsehen haben.

Die vorangegangenen Kapitel haben Sie mit den vier Dimensionen der Systemik vertraut gemacht, die jedes System erklären und mit Hilfe deren Sie jedes Business-Ritual erkennen, verstehen und meistern können. Damit haben Sie die theoretische Grundlage Ihres Ritual-Managements gelegt. Hier kommt die Praxis.

Businessladys sind einsam

Frauen in Führungspositionen berichten einhellig, dass sie sich von Vorgesetzten, Kollegen, Mitarbeitern und Kunden selten oder nie richtig und ganz akzeptiert fühlen, so sehr sie sich auch abstrampeln, um Anerkennung ringen und 200 Prozent von dem bringen, was Männer leisten. Sie gehören nie so ganz «dazu». Mit der Systemik im Hinterkopf wissen Sie inzwischen, warum:

Frauen im Beruf gehören zum Unternehmen, zur Abteilung, zu einer Führungsebene oder Arbeitsgruppe. Doch es gibt einen Bereich, zu dem sie nie gehören werden: zu den Männern.

Viele Business-Hexen spüren die Ablehnung täglich, ordnen sie jedoch dem falschen Teilsystem zu. Sie glauben, sie werden als Führungskraft abgelehnt. Dabei werden sie «nur» als Frau ausgeschlossen. Um Klartext zu reden: Wenn Managerkollegen spüren lassen, dass sie eine Kollegin nicht als ihresgleichen akzeptieren, meinen sie damit nicht die Managerin, sondern die Frau. Wenn Frauen im Beruf einsam sind, sind sie es nicht als Berufstätige, sondern als Frau. Verwirrend? Betrachten wir ein Beispiel.

Das Zotenwitz-Ritual

Wenn drei Männer irgendwo locker in der Bürolandschaft stehen, können Sie sicher sein, dass früher oder später einer einen «Herrenwitz» einbringt. «Kennt ihr schon den?» Dann erzählt er einen schlüpfrigen Witz, der die Grenze des guten Geschmacks schon einige Kilometer hinter sich gelassen hat. Selbst wenn bis zu diesem Zeitpunkt eine Frau bei der Runde war, spaltet sich die Gruppe spätestens mit der Pointe des Witzes: Die Männer lachen schenkelklopfend, die Frau schaut gequält lächelnd oder peinlich berührt in die oder aus der Runde. Ein Riss geht durch die Gruppe: Der Zotenwitz definiert als typisches Männerritual urplötzlich die Zugehörigkeit zum System; nämlich zum Männersystem. Im Vordergrund läuft zwar der Witz, doch im Hintergrund läuft der Subtext: «Lasst uns schnell mal definieren, wer dazugehört und wer nicht.»

Jede Frau spürt diese Ausgrenzung. Die meisten fühlen sich auch nach Jahren so verletzt dadurch, dass sie nur zwei Gedanken haben: sich schützend einigeln und/oder sich nun doppelt bemühen, um endlich doch dazuzugehören. Sie kämpfen darum, dazuzugehören. Und sie leiden darunter. Warum?

Frauen in Führungspositionen, die darum kämpfen, «dazu»zugehören, leiden unter diesem Kampf, weil es ein verlorener ist.

Wenn ein Männerritual Zugehörigkeit so regelt, dass nur Männer «dazu»gehören, können Sie sich noch so abstrampeln: Sie werden nie dazugehören, solange Sie nicht eines Ihrer X-Chromosome an der Garderobe abgeben. Das ist das grundlegende Missverständnis von Frauen im Beruf:

Viele Frauen glauben, sie könnten irgendwann dazugehören, wenn sie sich nur stark genug darum bemühen. Das ist falsch.

Solange ein bestimmtes Ritual nur Männer zulässt, kommen Sie nicht rein, und wenn Sie sich auf den Kopf stellen und Shakespeare rückwärts deklamieren. Anschauungsmaterial dafür liefert wiederum das Zotenwitz-Ritual: Manchmal möchten Frauen so verzweifelt dazugehören, dass sie sich sogar dazu überwinden, einen zotigen Witz in der Männerrunde zum Besten zu geben. Nun dreht sich das Bild um: Die Männer lächeln gequält oder schauen peinlich berührt weg. Sie zeigen der Frau nonverbal, dass sie noch so tolle Blondinenwitze erzählen mag – sie wird nicht dazugehören. Diese Ausgrenzung steigert sich oft, je stärker eine Frau versucht dazuzugehören. Um ihr die Grenzen aufzuzeigen, grenzen sie die Männer aus immer mehr Bereichen aus. Dann fühlt sie sich erst richtig einsam in ihrem Beruf.

Ausgrenzung macht einsam. Einsamer macht der sinnlose Kampf dagegen.

Der hoffnungslose Kampf um Zugehörigkeit hat noch einen weiteren gravierenden Nachteil: Je heftiger Sie kämpfen, desto mehr verlieren Sie alle anderen, auch wichtigen Dinge aus den Augen. Dann haben die Männer noch einen Grund, Sie auszugrenzen: «Die schafft doch auch ihre Arbeit nicht.»

Umgekehrt gibt es auch jede Menge Frauenrituale, bei denen die Männer ausgeschlossen werden. Zum Beispiel das Gemeinsam-aufs-Klo-Gehen- oder das Schmink-Ritual oder wenn Frauen über ihre Kinder, Schwangerschaft, Gesundheit und Ernährung, Beziehung, Kosmetik, Mode, Schuhe, Lektüre, Gartenpflege, Restaurants usw. reden. Hier werden Männer ausgeschlossen – was ihnen nicht allzu viel ausmacht, weil der Ausschluss keine beruflichen Konsequenzen hat – und weil sie vor allem nicht dagegen ankämpfen.

Als Frau mit der Ausgrenzung leben

Kämpfen Sie nicht darum, «dazu»zugehören. Kampf führt direkt ins Desaster. Kampf ist Krampf. Der Emanzenspruch «Diese Männerdomäne erobern wir auch noch» ist im Lichte der Systemik betrachtet blanker Unfug. Er erklärt, warum Emanzen oft so verkrampft und verbiestert aussehen und auftreten: Der verlorene Kampf macht sie fertig. Denn er ist sinnlos: Wo ein Ritual Zugehörigkeit regelt, gibt es nichts zu erobern. Das Ritual ist immer stärker als die Kämpfende. Kämpfen Sie nicht. Betrachten Sie vielmehr jedes Ritual, das Ihnen unterkommt, unter dem Aspekt der systemischen Zugehörigkeit: Wie regelt das Ritual die Zugehörigkeit zu welchem System?

Wenn Sie Rituale unter diesem systemischen Aspekt betrachten, werden Sie schnell feststellen, dass ein Kampf gegen Rituale nicht nur unnütz, sondern auch unnötig ist. Denn es gibt viele Männerrituale, bei denen Frauen zugelassen und akzeptiert werden. Wer nur gegen Männerrituale kämpft, verliert wegen seiner selektiven Wahrnehmung diese «guten» Rituale völlig aus den Augen und verstärkt damit die eigene Ausgrenzung und Einsamkeit noch.

Da gibt es zum Beispiel das Kamingespräch-Ritual (s. Kapitel 2), zu dem ausdrücklich auch Frauen eingeladen werden (sofern sie die Aufnahmeprüfung nicht verhauen). Dieses Ritual regelt die Zugehörigkeit so: Frauen ja – Falschspieler nein.

Das Zotenwitz-Ritual regelt die Zugehörigkeit dagegen so: Männer ja – Frauen nein. Wenn Sie zwischen beiden Ritualarten unterscheiden können, tun Sie sich wesentlich leichter im Beruf.

Checkliste: Dazugehören oder lieber nicht?

- Hören Sie auf, darum zu kämpfen, «dazu»zugehören.
- Erkennen Sie vielmehr jene Männerrituale, bei denen Sie als Frau zugelassen werden.
- Machen Sie bei diesen ohne Verbiegen mit, also auf Ihre eigene, weibliche Art und Weise. Eine Frau, die bei Männerritualen mitmacht, kann, soll und muss Frau bleiben.
- Erkennen und akzeptieren Sie auf der anderen Seite aber auch Männerrituale, vor denen quasi ein Schild steht mit «Betreten für Frauen verboten». Hier führt der Kampf um Zugehörigkeit nur zu einer blutigen Nase.
- Sobald Sie so ein Ritual erkennen, beschließen Sie ganz bewusst, hier nicht dazugehören zu wollen. Sie werden sofort eine ungeheure Erleichterung verspüren. Jeder Zwang, den Sie hinter sich lassen, erleichtert.
- Entschließen Sie sich vielmehr, wenn die Männer ihre eigene Veranstaltung aufmachen, ebenfalls zu Ihrem eigenen System dazugehören zu wollen: dem System der Frauen in Ihrer Firma, idealerweise auf oder nahe Ihrer Führungsebene.
- Verbalisieren Sie Ihren Ausstieg aus einem Ausgrenzungsritual, wenn Sie möchten: «Jungs, macht das mal alleine aus. Ich gehe einen Kaffee trinken.» Das entspannt die Situation für beide Seiten. Die Frau hat ihre Ruhe, und die Männer den-

ken: «Endlich mal eine, die weiß, wann sie uns in Ruhe lassen muss.»

Hier gehören Sie dazu

Machen Sie sich bewusst, wozu Sie gehören wollen. Sie dürfen und sollen sich zur Firma, zum Bereich, zur Abteilung und zu den Führungskräften im Management dazugehörig fühlen. Das ist möglich und gesund. Auf jeden Fall sollten Sie sich zu Ihrem «Amazonenstamm» (s. Kapitel 4, Seite 46ff.) zugehörig fühlen, zu den guten Business-Hexen, zu den Frauen in der Firma und vor allem um Ihre Führungsebene herum (exklusive der Neiderinnen, s. u.).

Vielen Frauen fällt diese Umorientierung schwer. Sie sind so damit beschäftigt, der Zugehörigkeit zum Männersystem hinterherzujagen, dass sie ihr ureigenes Frauensystem unbewusst links liegen lassen oder zumindest vernachlässigen. Das schadet auf doppelte Weise. Erstens kommen Sie, wie gesehen, nie ins Männersystem rein (weil Sie kein Mann sind). Und zweitens verzichten Sie damit auf Ihre eigentliche Stärke: die Zugehörigkeit zu Ihrem eigenen System.

Die Zugehörigkeit zum Frauensystem, sofern sie bewusst wahrgenommen und aktiv gepflegt wird, gibt Frauen im Business im Endeffekt mehr: die Kraft der Gemeinschaft und Solidarität unter Frauen. Gemeinsam sind wir stark. Wenn Sie mal genau überlegen, werden Sie unschwer feststellen, dass auf der anderen Seite die Männer gerade aus dieser Systemzugehörigkeit zum Männersystem seit Jahrhunderten ihre Kraft schöpfen: Männer verhalten sich untereinander solidarisch. Man konkurriert zwar miteinander, doch es gibt Dinge, die ein Mann nie einem anderen antun würde – ganz im Gegensatz zu einer Frau. Denn die gehört ja nicht zu seinem System.

Konkurrenz unter Frauen

Wenn ich Frauen empfehle, die Zugehörigkeit zu ihrem eigenen System zu pflegen, taucht meist der Einwand der sprichwörtlichen Konkurrenz unter Frauen auf: Männer sind untereinander tendenziell solidarisch, Frauen bekämpfen sich tendenziell gegenseitig. Wenn ein Mann befördert wird, haben die anderen Männer neben der üblichen Lästerei, dass es wieder mal den Unfähigsten erwischt hat, doch das tiefe Gefühl, dass es einer von ihnen geschafft hat. Wenn eine Frau befördert wird, haben viele Frauen das Gefühl (und machen hintenrum keinen Hehl daraus), dass sie nun nicht länger eine von ihnen ist. Wie sollen Sie unter diesen Voraussetzungen Zugehörigkeit zu Ihrem Stamm fühlen? Ganz einfach:

Das ist Ihr Stamm: Fühlen und geben Sie sich solidarisch mit denen, die sich mit Ihnen solidarisch fühlen.

Klammern Sie die Neiderinnen von vornherein aus Ihrem Stamm aus. Sie sind leicht zu erkennen, vor allem an ihrer nonverbalen Ausdrucksweise.

Sie tun sich schwer bei der Suche, weil es so wenige Frauen in Führungspositionen gibt? Mag sein, doch die Vernetzung unter Frauen erfährt gerade in den letzten Jahren abseits der veröffentlichten Meinung einen geradezu erdrutschartigen Aufschwung im Untergrund. Es gibt inzwischen Dutzende Frauennetzwerke (googeln Sie!) und in jeder größeren Stadt After-Work-Partys, manche nur für Frauen (so genannte Luna-Nights).

Wann immer die Männer ein Ritual starten und das Schild «Betreten für Frauen verboten» davor hängen, lächeln Sie nachsichtig und gönnen Sie den Kerls die kleine geschlechtsspezifische Auszeit. Auch Männer müssen manchmal auftanken – selbst wenn sie das bei für Frauen so wenig verständlichen Ritualen wie dem Zotenwitz zu tun pflegen. Gönnen Sie den Männern ihr Ding und gönnen Sie sich gleichzeitig Ihres: Schauen Sie kurz bei Ihrem eigenen Netzwerk rein, erholen Sie sich da und schöpfen Sie neue Kraft.

Das ist doppelt erholsam. Denn erstens ersparen Sie sich damit den kraftraubenden Kampf um Zugehörigkeit, wo Zugehörigkeit unmöglich ist. Und zweitens erholen Sie sich tatsächlich dabei, weil Frauen nur unter Frauen neue Kraft schöpfen können.

16. Männer akzeptieren keine Chefin

Männerrituale, die Ihnen den Rang streitig machen

Viele Frauen berichten (und viele Männer machen keinen Hehl daraus), dass eine Frau als Vorgesetzte einfach nicht akzeptiert wird. Eine Abteilungsleiterin: «Wenn ich etwas anweise, schauen mich manche Männer an, als ob das Lehrmädchen sich die Frechheit herausnimmt, ihnen Befehle zu erteilen.» Das verletzt, das frustriert. Denn: Egal, wie sehr ich mich auch ins Zeug lege und jeden Mann in Sachen Fachkompetenz um Lichtjahre hinter mir lasse – ich werde nie von denen anerkannt werden. Bei diesem Gedanken kann einem der Führungsjob ganz schön sauer aufstoßen. Und da fragen sich manche noch, warum Frauen so selten im Management zu finden sind ...

Das ist auch der Grund, weshalb Sie Meldungen misstrauen sollten, die davon berichten, dass Frauen im Business «mächtig im Kommen» seien. Das würde nämlich bedeuten, dass die Männerrituale im Business «mächtig» abgenommen haben – was aus Erfahrung jeder berufstätigen Frau einfach nicht der Fall ist. Deshalb sind solche Meldungen einfach nur schlagzeilenträchtig-schöngetextete Enten. Schade, dass auf dem Rücken von Frauen solche wenig plausiblen Falschmeldungen verbreitet werden. Natürlich fühlen sich Frauen, die als Chefin von einem bestimmten Teil ihrer Mitarbeiter, Vorgesetzten und Kollegen nicht anerkannt werden, durch diese Missachtung verletzt. Bezeichnenderweise fühlen sich Business-Hexen mit systemischen Kenntnissen weniger frustriert. Denn sie wissen: Wenn Männer Frauen den Rang derart offensichtlich und unverschämt streitig machen, muss ein Ritual dahinter stehen, das exakt auf diese Rangfrage abzielt. Allein diese Erkenntnis erleichtert Frauen schon ungemein, weil sie die empfundene Hilflosigkeit reduziert oder gar eliminiert.

Das Rangritual «Ich bin der bessere Chef!»

Viele Männer akzeptieren keine Frau als Vorgesetzte und lassen sie das auch deutlich spüren, indem sie

- immer alles besser wissen, wenn die Chefin etwas sagt,
- der Vorgesetzten offen widersprechen,
- ihr jeden klitzekleinen Fehler hämisch aufs Brot schmieren,
- permanent anderer Meinung sind,
- hinter ihrem Rücken schlecht über sie reden,
- ihre Anweisungen nach eigenem Gutdünken auslegen
- oder sie schlecht bis überhaupt nicht ausführen,
- viele ihrer Äußerungen nicht für voll nehmen,
- ständig skeptisch hinterfragen und Zweifel anmelden,
- den Reichsbedenkenträger gegenüber allem geben, was die Chefin vorschlägt,
- sie bei ihrem Vorgesetzten anschwärzen.

Sie kennen solche Nickligkeiten aus eigener Anschauung und Erfahrung. Ziemlich lästig, nicht? Sie wissen inzwischen, was da abläuft: ein Ritual. Genauer: das Rangritual «Ich bin der bessere Chef». Wenn Männer auf eine Chefin treffen, versuchen manche automatisch und vehement zu beweisen, dass eigentlich sie der bessere Chef wären.

Rangrituale versuchen, die offizielle Rangfolge auf den Kopf zu stellen.

Wie Frauen auf Rangrituale reagieren

Wie reagieren Frauen auf solche unverhohlenen Umsturzversuche? Natürlich sauer. Die meisten geben reflexiv Kontra und widersprechen dem Widersprecher nach dem Motto: «Was Sie sagen, ist falsch, was ich sage, ist richtig.» Bringt das was? Nicht wirklich, wie Sie sicher schon bemerkt haben werden. Das eigentliche Problem bleibt davon unberührt. Denn nach der Zurechtweisung akzeptiert der Zurechtgewiesene die Vorgesetzte immer noch nicht, im Gegenteil. Er erzählt jetzt überall herum, was für eine unausstehliche Zimtzicke sie doch sei, die immer alles besser wisse. Schlimmer noch: Die Zurechtweisung der Chefin bestärkt das Rangritual nur noch. Beim nächsten Mal wird der Zurechtgewiesene bereits auf Rache sinnen und nur umso heftiger erneut widersprechen. Am allerschlimmsten jedoch ist, dass Frauen in Führungspositionen mit jeder Zurechtweisung unsicherer werden: «Wenn der mir schon wieder widerspricht – hat er vielleicht nicht doch irgendwo Recht? Mache ich meinen Job wirklich richtig?»

Wenn Frauen nicht aus Rangritualen aussteigen, geraten sie zwangsläufig unter Rechtfertigungsdruck.

Sie denken und sagen Dinge wie: «Als Frau muss man jeden Tag erneut beweisen, dass man den Job zu Recht innehat.» Das stimmt nicht. Nicht als Frau muss man sich beweisen, sondern als Frau, die nicht bemerkt, dass hier ein Rangritual abläuft.

Wer anerkannt werden will, muss das Unausgesprochene aussprechen

Eine Zurechtweisung löst das eigentliche Problem nicht. Das eigentliche Problem ist das Problem der Anerkennung. Wer «Ich bin der bessere Chef» spielt, verweigert der Frau die Anerkennung als Chefin. Also muss Ihr Ritual-Management diese Rangordnung erst einmal (wieder) herstellen. Wie? Ganz einfach, indem Sie das Unausgesprochene aussprechen. Frauen haben diesbezüglich einen Vorteil: Sie haben die bessere Antenne für Unausgesprochenes. Eine häufige Formulierung des Unausgesprochenen ist zum Beispiel:

«Lassen Sie mich bitte eines klarstellen: Ich bin hier die Vorgesetzte, Sie sind der Mitarbeiter. Wenn wir auch hier und da unterschiedlicher Meinung sind, die Entscheidungen treffe immer noch ich. Und das bleibt auch so.»

Das reicht? Fürs Erste ja. Der Zauber wirkt. Der Ritualspieler wird erst mal konsterniert aus der Wäsche gucken, schlucken, vielleicht noch einen kleinen Widerspruch obendrauf setzen – doch das juckt Sie nicht mehr. Sie haben sein Ritual entzaubert. Lassen Sie ihn noch ein wenig mosern, schauen Sie ihn freundlich lächelnd und souverän an – und wiederholen Sie den Zauber beim nächsten Mal einfach wieder, wenn er ihn vergessen hat oder sich noch nicht daran gewöhnt hat. Nach drei bis vier Wiederholungen hat er's kapiert. Auch Männer sind lernfähig.

Manche Männer sind echte Härtefälle

Wenn ein Mann selbst nach wiederholter Klarstellung nicht kapiert, wie der Hase läuft, setzen Sie einen stärkeren Zauber ein, sprechen Sie noch etwas Unausgesprochenes aus:

«Wir hatten doch bereits geklärt, dass in dieser Abteilung ich die Vorgesetzte und Sie der Mitarbeiter sind. Erinnern Sie sich? Es liegt in Ihrer Verantwortung, damit klarzukommen.» Diese simple Intervention hat erstaunliche Wirkungen. Die erste erfreuliche Auswirkung ist, dass Frauen im Beruf ein Riesenstein vom Herzen fällt: «Das alles ist ja gar nicht mein Problem – es ist seines. Also sollte ich es auch bei ihm lassen.» Allein diese Erkenntnis befreit ungemein. Frauen suchen immer erst die Schuld bei sich: «Er erkennt mich nicht als Chefin an – was mache ich bloß falsch?» Sie kennen diese zermürbenden Selbstvorwürfe wahrscheinlich bestens. Wenn Frauen sich klarmachen, dass in diesem Fall die Verantwortung beim Manne liegt, fühlen sie eine große innere Befreiung, eine im wahrsten Sinne des Wortes Ent-schuldigung.

Wenn ein Mann ein Problem damit hat, eine Frau als Vorgesetzte anzuerkennen, ist das doch wohl sein Problem – nicht Ihres.

Die zweite erfreuliche Auswirkung dieser Klarstellung der Verantwortung ist, dass Männer, wenn frau ihnen in deutlichen Worten sagt, dass es ihr Problem ist, diese Verantwortung dann auch tatsächlich annehmen. Das würde zwar keiner offen zugeben, doch da Männer sehr anweisungsorientiert denken (sie stehen gerne stramm), kommen sie mit dieser angewiesenen Verantwortung recht schnell klar. Damit wird auch deutlich: Mit klaren Worten beleidigen Sie einen Mann nicht, Sie strapazieren ihn emotional auch nicht über Gebühr, Sie sind weder grob noch unhöflich, Sie tun ihm damit im Gegenteil einen Gefallen. Er wird gerne von Ihnen verzaubert.

Die paradoxe Intervention

Es gibt noch einen Zauberspruch, mit dem Sie Rangrituale aushebeln können. Die Intervention kommt aus dem Coaching: «Na, Herr Meier, Sie machen sich wohl lieber das Leben selbst schwer, als dass Sie mich als Vorgesetzte anerkennen, nicht wahr?» Wenn Sie beim Lesen dieses Zauberspruches erst einmal «Wie bitte?» gedacht haben, hat die so genannte paradoxe Intervention funktioniert. Denn sie ist, wie der Name schon sagt, paradox, also erst beim zweiten Nachdenken verständlich. So geht es auch dem Mann, der zuerst rätselnd die Stirn in Falten legt, bis bei ihm der Groschen fällt: «Ich mache mir selbst das Leben schwer, wenn ich meiner Vorgesetzten die Anerkennung verweigere. Ich gebe ihr ständig Kontra, und ihr scheint das nichts auszumachen. Das bringt mich nicht weiter. Wenn ich die Sache endlich gut sein lassen würde, hätte ich wenigstens meine Ruhe.» Da fällt der Groschen. Die Magie wirkt.

Das Jerusalem-Ritual

Ein besonders eleganter Zauber gegen das Ritual «Ich bin der bessere Chef» ist es, ein anderes Ritual dagegenzusetzen. Dieses Ritual begeistert meine Coaching-Klientinnen regelmäßig. Wenn eine Business-Hexe sich beklagt, dass sie von einigen Männern im Team nicht als Vorgesetzte wahrgenommen, akzeptiert und behandelt wird, rate ich Folgendes:

Das Jerusalem-Ritual: Geben Sie im nächsten Meeting bekannt, dass ab sofort die Sitzordnung sich nach der Rangordnung und bei Ranggleichheit nach Länge der Firmenzugehörigkeit richtet.

Veronika berichtet: «Als ich die neue Sitzordnung bekannt gab, erinnerte das tatsächlich an das Partyspiel ‹Reise nach Jerusalem›. Alle standen mehr oder weniger suchend in der Gegend, tauschten die Stühle, erwischten die falschen Sitzplätze, stritten sich, verglichen Rang und Firmentreue miteinander – es war, vom Kopfende des Tisches aus beobachtet, ein recht vergnügliches Treiben. Als nach großem Hallo endlich alle ihren Platz gefunden hatten, konnte ich die Hirne richtig denken sehen. Die Leute schauten sich etwas verblüfft gegenseitig an, und dann schauten alle mich am Kopfende an. Die sahen mich tatsächlich zum ersten Mal mit ganz anderen Augen; insbesondere jene, die vorher nicht ganz realisiert hatten, wer hier die Vorgesetzte ist.»

Genau das ist Sinn und Zweck der Übung. Deshalb sagt man auch: aus den Augen, aus dem Sinn. Rangordnung muss subversiven Ritualspielern erst einmal sichtbar und im Sinne des Wortes begreifbar gemacht werden, bis bei einigen hartnäckigen Fällen der Groschen fällt.

17. Männer halten zu Männern

Erwarten Sie keine Kollegialität von Kollegen

Die Illoyalität der Männer bringt manche Frau in Rage. Ein Abteilungsleiter ist eher gegenüber einem niederrangigen Mitglied seines Old Boys' Network loyal als gegenüber einer gleichrangigen Abteilungsleiterin. Wenn er vor dem Dilemma steht, einen von beiden ins Messer laufen lassen zu müssen, lässt er wie selbstverständlich die Kollegin ins Messer laufen. Wenn frau das tagein, tagaus erlebt, fühlt frau sich schon nach wenigen Wochen im Führungsjob mächtig einsam. Der ungebildete Laie nennt das Diskriminierung. Das ist es nicht, insofern Diskriminierung einen Vorsatz voraussetzt.

Bei der männlichen Illoyalität ist kein Vorsatz im Spiel. Im Gegenteil. Männer bedauern es oft, dass zum Beispiel ein schwach qualifizierter männlicher Bewerber einer höher qualifizierten Bewerberin vorgezogen wird. Doch was will mann machen? Rituale laufen unbewusst ab. Das dritte systemische Kriterium sagt: Mit wem ich Rituale spiele, dem gegenüber bin ich loyal – egal, ob er weniger drauf hat als eine weibliche Bewerberin, mit deren Geschlechtsgenossinnen ich keine Rituale pflege. Also sind Männer anderen Männern gegenüber ganz unbewusst loyal. Sie registrieren überhaupt nicht, was da abläuft. Schlimmer noch: Da ihr Unbewusstes entscheidet, läuft ihr Verstand nur noch als Erfüllungsgehilfe hinterher und rationalisiert die Illoyalität, indem zum Beispiel der besser qualifizierten Bewerberin ein aus der Luft gegriffener Makel angedichtet wird: «Natürlich war sie besser qualifiziert – aber sie hätte sicher nicht ins Team gepasst.»

Nur weil das ein Kollege ist, ist das noch lange nicht kollegial.

Frauen kriegen die Drecksarbeit

Frauen im Beruf kriegen regelmäßig die ungeliebten Aufgaben ab. Die guten Aufträge, Projekte und Kunden teilen Männer unter sich auf – wie die Piraten ihre Beute. Was übrig bleibt, kriegt das Gesinde. Auch diese schöne Randerscheinung können Sie sich inzwischen systemisch erklären: Wer nicht zur rituell definierten Loyalitätsgemeinschaft gehört, der gegenüber muss man auch nicht loyal sein. Also geht es in Ordnung, dass Frauen die üblen Jobs kriegen. In lichten Momenten merken Männer zwar, dass das nicht in Ordnung ist. Es soll sogar welche geben, die sich dagegen aussprechen. Doch wenn es das nächste Mal wieder ums Verteilen der Beute geht, machen sie wieder mit wie immer – weil sie tief drinnen *spüren*, dass das so ganz in Ordnung ist. Die rituelle Loyalität ist stärker als der gesunde Männerverstand. Das soll kein Vorwurf sein. Das ist ein Ritual.

Viele Business-Hexen in Führungsjobs beklagen sich: «Wenn ein Abteilungsleiter ein Projekt gegen den Baum fährt, breitet man den Mantel des Schweigens darüber – und belohnt ihn mit einem neuen Projekt. Passiert einer Frau das, wird sie gnadenlos abgesägt und muss um ein neues Projekt betteln.» Das halten Sie für ungerecht? Das ist es auch – doch darum geht es nicht. Natürlich möchten auch Männer gerecht und fair sein, doch die Loyalität geht vor.

Wenn Gerechtigkeit und Loyalität im Clinch liegen, gewinnt immer die Loyalität.

Männer sind gegenüber Männern loyal. Sie sind lieber ungerecht als illoyal. Wer das als Frau nicht weiß, landet im Büroalltag immer wieder auf der Nase.

Erwarten Sie weniger Loyalität von Vorgesetzten, Kollegen, Mitarbeitern, Kunden und Geschäftspartnern – sofern es Männer sind.

Klingt brutal? Stimmt. Aber wissen Sie, was noch viel, viel brutaler ist? Das, was Frauen in Führungspositionen täglich erleben. Dass frau ein Mindestmaß an Verbundenheit, Fairness, Gerechtigkeit und Loyalität erwartet und immer wieder aufs Neue bitter enttäuscht und allein gelassen wird. Wenn ich sehe, dass ein selbstverständlicher Wunsch nicht erfüllt wird, dann verzichte ich doch lieber darauf, um mir erneute Enttäuschungen zu ersparen.

Die Treue der Männer und andere Enttäuschungen

Wenn ich empfehle, nicht auf die Kollegialität von (männlichen) Kollegen zu bauen, erwidern vor allem junge Frauen oft: «Aber wir sind doch Kollegen. Wir müssen doch zusammenhalten.» Nein, wie Frauen täglich erleben. Vor die Wahl gestellt, einem Kollegen oder einer Kollegin gegenüber loyal zu sein, entscheidet sich der Mann in neun von zehn Fällen für den Mann. Warum denn nur? Weil Männer seit Jahrtausenden Rituale mit anderen Männern pflegen – weniger mit Frauen. Und weil immer noch die systemische Bedingung gilt: Wer zusammen Rituale spielt, ist sich loyal. Das ist, wie gesagt, unbewusst. Das wissen Männer nicht, und sie streiten es im Übrigen auch ab. Was wieder einmal zeigt, dass der Verstand nur das rationalisiert, was das Unbewusste schon beschlossen hat.

Eine Ausnahme bilden die so genannten Muttersöhne oder Frauenretter. Sie solidarisieren sich eher mit Frauen als mit Männern, nach dem Motto: «Mama hat's so schwer gehabt, und Papa war so böse.» Kein Wunder, dass es ihnen wie Frauen ergeht: Auch sie bringen es im Business nicht weit, auch sie leiden unter mangelnder Anerkennung, Ausgrenzung und übler Nachrede; typisch dafür: «So ein Weichei.» Wenigstens stellen sie für Businessladys kein rituelles Problem dar – frau kann sie sogar als Unterstützer und Netzwerkpartner nutzen. Probleme machen die anderen, ritualspielenden Männer. Deshalb wenden wir uns wieder ihnen zu.

Steht es Spitz auf Knopf, dürfen Frauen im Beruf keine Loyalität von ritualisierenden Männern erwarten – von Frauen übrigens auch nicht. Denn verlässt eine Frau den Kuschelkreis der Kolleginnen, indem sie in eine Führungsposition aufsteigt, verliert sie in der Regel die Loyalität der Geschlechtsgenossinnen. Anstatt sich für die erfolgreiche Kollegin zu freuen und sie zu unterstützen oder sie zumindest zu tolerieren, wird sie angezickt und ausgegrenzt. Auch deshalb fühlen sich Frauen in Führungspositionen so einsam: Sie werden von beiden Geschlechtern im Stich gelassen.

Wenn viele Frauen sich gegen die Karriere entscheiden, dann beweisen sie damit keine «mangelnde vertikale Mobilität» oder dass sie «zu weich fürs Business» sind, sondern dass sie sich die Illoyalität und die Ausgrenzung im Führungsberuf einfach nicht zumuten wollen. Das ist gesund und vernünftig. Wenn eine Frau dagegen dieses Spießrutenlaufen auf sich und die Beförderung annimmt, dann beweist sie damit einen Mut und eine Kompetenz, vor der jedes männliche Engagement im selben Job verblasst und für das sie fairerweise das doppelte Gehalt verdient hätte. Leider gibt es diese Gehaltsregelung noch nicht. Verbleibt in der Zwischenzeit die Frage: Was tun?

Machen Sie sich frei von der Loyalitätsillusion!

Erwarten Sie im Ernstfall keine Loyalität von Vorgesetzten, Kollegen, Kunden, Geschäftspartnern und Mitarbeitern. So tolerant sich diese in Alltagssituationen auch verhalten mögen, wenn es hart auf hart zugeht, dürfen Sie keine Loyalität erwarten. Denn kein Mann fühlt sich Ihnen gegenüber zur Loyalität verpflichtet. Seine Loyalität gilt anderen, nämlich seinen Ritualgenossen.

Es macht am Anfang ein wenig Mühe, diesen Fakt im Kopf zu behalten, weil die Erkenntnis gar zu enttäuschend ist: Frau bleibt in der Führung allein. Doch nach der ersten Enttäuschung wirkt das bewusste Aufgeben der Loyalitätsillusion sehr befreiend, wie mir erfolgreiche Frauen immer wieder versichern: «Seit ich keine Loyalität mehr erwarte, wo es keine gibt, erlebe ich viel weniger Enttäuschungen und bin auch nicht mehr so frustriert im Job.»

Emanzidötchen

Eine allein erziehende Mutter und leitende Angestellte meint: «Mit den Männern im Büro ist es wie mit den Erdbeertörtchen. Ich esse Törtchen für mein Leben gerne. Aber wenn ich genau weiß, dass keine mehr im Kühlschrank sind, dann verschwindet auch mein Heißhunger darauf. Seit ich weiß, dass ich im Krisenfall keine Loyalität von Chefs und Kollegen erwarten darf, trauere ich dem nicht mehr nach. Diese Erkenntnis hat mich innerlich sehr befreit.» Das klingt einleuchtend? Dann sollten Sie mal erleben, was andere Frauen so alles veranstalten, wenn der Kühlschrank leer ist.

Der verlorene Kampf um die Loyalität der Männer

Die meisten Frauen in Führungsjobs machen sich eben nicht von der Loyalitätsillusion frei. Was tun sie stattdessen? Das ahnen Sie vielleicht schon: Sie kämpfen um die Loyalität der Männer.

Sie kleiden und geben sich, reden und denken, gehen und stehen wie Männer, planen und entscheiden und putzen ihre Mitarbeiter runter wie Männer und hoffen, dass sie dadurch irgendwann «dazugehören» und die Loyalität der

Männer verdienen könnten. Die Ausdauer mancher Frauen bei diesem Versuch wird nur von dessen Erfolglosigkeit übertroffen. Lässt sich auf diese Weise die Loyalität der Männer gewinnen? Im Gegenteil, ganz im Gegenteil. Männer ignorieren solche Bemühungen kategorisch, nehmen sie nicht ernst. Schlimmer noch, sie desavouieren sie:

«Die neue Abteilungsleiterin ist ein echter Oberfeldwebel.»

«Ein Mannweib, die müsste man dringend mal über den Docht ziehen.»

«Das ist doch keine Frau mehr.»

Emanzidötchen

Die folgende Geschichte ist extrem, leider aber medizinisch verbürgt. Eine Businesslady ergattert einen tollen Führungsjob als Bereichsleiterin in einem IT-Unternehmen. Als einzige Frau unter sechs männlichen Bereichsleitern. Nach einigen Monaten im neuen Job bekommt sie plötzlich starken Bartwuchs und Behaarung am ganzen Körper. Glücklicherweise hat sie einen ganzheitlichen Hausarzt, der ihr verschreibt: «Gehen Sie sofort raus aus diesem Job. Machen Sie mindestens ein halbes Jahr lang keinen Job mit Männern. Ihr Blutbild ist rekordverdächtig: Sie haben einen Testosteronwert wie ein 17-jähriger Bodybuilder.» Schauen Sie mal Fotos von Topmanagerinnen aus Wirtschaft und vor allem Politik an. Der vierjährige Sohn einer Bekannten sagte einmal beim Anblick eines solchen Bildes: «Mama, wer ist der Mann, der so streng guckt?» Erschreckend viele Businessfrauen sehen aus wie Männer.

Was frau daraus lernt

Der Kampf um die Loyalität der Männer ist aussichtslos,

- weil Sie Loyalität nicht erkämpfen können. Loyalität ergibt sich nur aus Ritualen.

- weil Männer sich dagegen sperren.
- weil Kampf das Gegenteil erreicht: Sie werden ausgegrenzt.

Der Kampf mit den Männern ist zwar aussichtslos, aber nicht sinnlos: Viele toughe Frauen sehen den Sinn hinter ihrer Karriere geradezu darin, es «den Kerls zu zeigen», mit ihnen zu ringen.

Dieser Lebenssinn ist ideal, weil er ein ganzes Leben mit Sinn füllen kann: Da der Kampf niemals zu einem definitiven Ende kommt, weil es immer Kerls geben wird, die dem Kampf mit Kampf begegnen werden, hört der Kampf nie auf, und das Leben wird nie sinnlos. Deshalb ist es auch sinnlos, typischen weiblichen Feldwebeln im Business diesen Kampf ausreden zu wollen, mit dem Verlust ihrer Weiblichkeit zu argumentieren: Sinn ist allemal wichtiger als Weiblichkeit. Wem der Kampf gegen die Männer als Lebensinhalt oder zumindest Karrierezweck genügt, der kann ich nur empfehlen: immer feste druff. Alle anderen merken recht schnell, dass dieser Kampf nicht nur aussichtslos ist, sondern auch exorbitant hohe Kosten hat:

Frauen verlieren umso stärker ihre Weiblichkeit, je stärker sie um die Loyalität der Männer kämpfen.

Das geht in Ordnung, wenn Sie sich dabei wohl fühlen. Es gibt etliche Frauen, die sich als toughe, maskuline Kämpferinnen ganz okay fühlen, die es «den Männern» so richtig zeigen. Für die meisten Frauen im Business ist es jedoch der GAU, der schlimmstmögliche Schaden. Denn vielleicht erringen sie bei diesem aufreibenden Kampf ein Quäntchen Loyalität – sie verlieren aber ihre weibliche Identität. Wer darunter nicht leidet, der sei das gegönnt. Es gibt durchaus Businessfrauen, denen die Loyalität der Männer und der Erfolg in der Männerwelt über die eigene Identität gehen.

Wem dagegen die eigene Weiblichkeit wichtiger ist, die sollte einen anderen Weg gehen (s. nächster Abschnitt).

Plakativ formuliert könnte man auch sagen: Den toughen, schottergurgelnden Businessfrauen geht es in erster Linie darum, es «den Kerls zu zeigen», um gesellschaftliche, das heißt männliche Anerkennung zu kämpfen. Den Businessladys im eigentlichen Sinne geht es dagegen eher darum, Erfolg im Beruf zu haben, Karriere zu machen – und dabei ganz Frau zu bleiben.

Welchen Weg Sie wählen, liegt bei Ihnen. Wählen Sie weise.

Ganz nebenbei gesagt: Der erbitterte Kampf um männliche Loyalität und Anerkennung erklärt auch, warum die meisten Beziehungen von toughen Topmanagerinnen scheitern. Es liegt nicht daran, dass Männer «keine starken Frauen sexy finden». Es liegt schlicht daran: Welcher Mann hat gerne einen Feldwebel im Bett?

Heißt das jetzt, dass Sie alle Männer geistig auf den Mond schießen sollen, was die Loyalitätsfrage anbelangt? Das ist die Regel. Leben Sie die Ausnahme.

Ausnahmsweise leben

Erwarten Sie im Regelfall keine Loyalität im Führungsjob. Suchen Sie die Ausnahmen.

Unter 20 Frauen finden Sie im Durchschnitt eine, die Ihnen die Loyalität hält, auch wenn Sie durch Ihre Beförderung den Kuschelkreis der Kolleginnen verlassen haben. In der Praxis zu beobachten ist dabei, dass Business-Hexen umso eher mit dieser Loyalität rechnen können, je weniger sie im Führungsjob vermännlichen. Unter 10 Männern finden Sie einen, der sich Ihnen gegenüber loyal verhält – auch wenn

Sie eine Frau sind – und Sie finden zwei, die bedingt loyal sind, das heißt bezogen auf bestimmte Themen und Kontexte. So sagt eine Businesslady: «Auch wenn mir alle Kollegen in den Rücken fallen – der Horst steht in allen Controlling-Angelegenheiten stets zu mir, weil er wie ich ein Grenzkosten-Befürworter ist.»

Zugegeben, das Finden von Ausnahmen erfordert eine gute Wahrnehmung. Doch über diese verfügen Businessladys. Sie kennen ihre Pappenheimer. Kennen Sie Ihre? Es ist nie zu spät, sie kennen zu lernen.

Basteln Sie aus loyalen Frauen und Männern Ihr eigenes kleines Netzwerk der Loyalität.

Denken Sie dabei daran: Wenige gute Freunde sind besser als viele Schönwetterfreunde.

18. Frauen leisten das Doppelte und kriegen die Hälfte

Rituelle Ungerechtigkeit

Die Statistiken zeigen eine seit Jahren ermüdend gleich bleibende Ungerechtigkeit: Frauen im Beruf werden im Schnitt immer noch für dieselbe Leistung schlechter bezahlt als Männer. Bekommen sie tatsächlich mal dasselbe Gehalt, müssen sie deutlich mehr dafür tun; sie müssen deutlich mehr Zeit und Mühe darin investieren, überhaupt so weit zu kommen, so weit aufzusteigen wie die männlichen Kollegen. Das muss man sich mal auf der Zunge zergehen lassen. Wir bauen Atomreaktoren und schießen Landungssonden auf den Mars – aber wir behandeln Frauen im Business immer noch wie bessere Sklaven, wie Bürger zweiter Klasse. Was aus rein menschlicher Sicht eine Riesensauerei und einen Atavismus erster Güte darstellt, ist, aus systemischer Sicht betrachtet, schlicht ein Ungleichgewicht.

Frauen im Beruf geben viel und kriegen wenig. Jedenfalls geben sie mehr, als sie bekommen.

Sie bekommen weniger Lohn, Anerkennung, Karrierechancen, Beförderungen, Unterstützung, Prestigeprojekte, Misserfolgstoleranz, Budget, Face-Time bei Vorgesetzten, Pfründe und Privilegien als männliche Kollegen. Diese Ungerechtigkeit ist nicht zufällig, sondern durch viele Business-Rituale determiniert. Betrachten wir eines der häufigsten.

Das Beweis-Ritual

Wer seine Nase ins Management steckt, stellt fest, dass auf derselben Hierarchieebene Frauen länger und mehr arbeiten als die Kollegen. Wenn die Kollegen nach dem Meeting noch nett plauschen, sind die Damen schon wieder bei der Arbeit. Abends brennt bei den Damen noch Licht, während die Herren schon beim After-Work-Drink sitzen (Pils auf Deutsch). Frauen betreuen mehr Projekte als Männer. Frauen halten Arbeits- und Projektteams zusammen. Warum? Weil im Management das Beweis-Ritual gespielt wird: «Wenn du schon zu uns gehören willst, dann beweis erst mal, was du draufhast.»

Männer müssen das nicht beweisen, da der Nachweis ihrer Leistungsfähigkeit als erbracht gilt. Wodurch? Na, dadurch, dass sie Männer sind. Ich habe keine Businesslady getroffen, der dieses Ritual nicht unangenehm bewusst gewesen wäre. Alle sagen mehr oder weniger: «Als Frau im Management musst du ständig beweisen, dass du gut genug bist. Zehn Stunden am Tag, auf jedem Meeting, bei jeder Präsentation, in jeder Projektsitzung, selbst bei ganz harmlosen Gesprächen mit Vorgesetzten und Kollegen werde ich ständig auf die Probe gestellt, ob ich es denn auch draufhabe.» Das liegt nicht nur daran, dass Frauen Frauen sind. Es liegt auch daran, dass sie im Business (in Europa) immer noch eine Minderheit sind – und auf Minderheiten achtet man viel intensiver.

Wie eine Businesslady erzählt: «In unserer Gemeinde gibt es eine einzige Familie mit einem adoptierten, farbigen Kind. Natürlich passt das ganze Dorf auf wie die Wachhunde, was dieses Kind und diese Familie so anstellt.» Männer haben diesen Nachteil nicht – sie können auch mal in der Anonymität der Masse untertauchen.

Das Doppelmoral-Ritual

Das komplette Berufsleben der Frau ist geradezu rituell auf diese Ungerechtigkeit ausgerichtet: Frauen geben alles im

Beruf, opfern sich oft förmlich auf und werden dafür mit Almosen abgespeist. Typisch dafür ist das Doppelmoral-Ritual. Wenn ein Mann eine gute Idee hat, einen dicken Kunden an Land zieht oder ein Projekt erfolgreich ins Ziel bringt, dann ist ein gerechter Ausgleich dafür ritualisiert: Er bekommt seine ihm zustehende Anerkennung, den sprichwörtlichen Schulterklaps von oben, die Beförderung, das Lob von höchster Stelle, den Bonus, eine Vergünstigung. Erreicht eine Frau dieselben Ergebnisse (oder bessere, was eher der Fall ist), heißt es ebenso rituell lapidar: «Ist ja wohl selbstverständlich. Ist ja schließlich ihr Job. Dafür wird sie doch bezahlt.»

Auch dieses Ritual erklärt, warum so wenige Frauen im Management zu finden sind, warum sich die wenigen Managerinnen ausgesprochen wenig unterstützt fühlen. Auf dem Hintergrund dieser Erkenntnis erscheint der Wunsch vieler Journalisten, dass doch bald mehr Frauen im Management zu finden sein mögen, wie die gut gemeinte Aufforderung zum Spießrutenlauf. In der Literatur kaum zu finden ist die nahe liegende Überlegung, dass viele Frauen recht wohl wissen, was sie tun, wenn sie sich einen Managementjob nicht antun wollen.

Rituelle Holzwege

Wie reagieren Frauen auf dieses rituelle Ungleichgewicht von Geben und Nehmen? Mit Frust, Kampf, Psychosomatik, Klagen, Burn-out, Karriereverzicht, Flucht in Beziehung und Familie. Erste Leidenssymptome sind meist ein Gefühl der Überforderung, der mangelnden Unterstützung und des anhaltenden Zweifels: Bin ich überhaupt die Richtige für diesen Job? Woher kommen diese unguten Gefühle? Drei Gründe gibt es dafür. Frauen im Business

- nehmen stillschweigend an, dass das «halt so ist im Business»,

- glauben, dass das Ungleichgewicht der Preis ist, den sie für einen Führungsjob bezahlen müssen,
- durchschauen oft den Ritualcharakter des Ungleichgewichts nicht und glauben, dass die Ungleichbehandlung eben so sein muss – dabei ist sie nur ein Ritual, eine rituelle Veräppelung, die frau ganz rasch abstellen kann (wie, das betrachten wir am Ende dieses Kapitels).

Erschwerend kommt hinzu, dass viele Frauen ungewollt und unbewusst dieses Ungleichgewicht – so verrückt das klingt – selbst aufrechterhalten.

Wenn Frauen das Ungleichgewicht zementieren: Das Glucken-Ritual

Wer längere Jahre berufstätig war, wird die Beobachtung bestätigen: Wenn es einen neuen Kollegen einzuarbeiten gilt, übernimmt die Aufgabe offiziell oder informell meist eine Frau aus dem Team. Oft genug nolens volens: Da sich beschämenderweise niemand so recht um den Neuen kümmert, nicht einmal der eigene Chef, dessen Führungsaufgabe das eigentlich wäre, erbarmt sich eben eine gute Fee und nimmt ihn unter ihre Fittiche.

Darunter leidet natürlich ihre eigentliche Arbeit. Die Zusatzaufgabe verursacht Zusatzstress und -zeitnot. Stutzig macht, dass niemand die guten Feen zur Einarbeitung zwingt, sie es aber trotzdem gerne immer wieder tun. Warum? Weil sie sich einen Ausgleich zwischen Geben und Nehmen erhoffen: Unterstützung gegen Anerkennung. Wer andere unterstützt, ist beliebt, nicht nur beim Unterstützten – so die Annahme. Das heißt, Frauen spekulieren auf einen Ausgleich zwischen Geben und Nehmen. Das Blöde an dieser Spekulation: Sie geht nicht auf.

Zwar ist der Neue dankbar und gibt Anerkennung – doch das reicht leider nicht zum Gleichgewicht. Anerkennung allein wiegt die geopferte Zeit, den Ärger mit der aufgeschobenen eigentlichen Arbeit und die investierte Mühe nicht auf. Das Gleichgewicht müsste eigentlich auf dem originären Gebiet der Unterstützung wieder hergestellt werden: Unterstützung gegen Unterstützung. Doch genau das passiert nicht. Der Neue ist zwar dankbar für die Unterstützung – doch damit hat es sich auch schon. Selber in gleicher Währung zurückzuzahlen, fällt ihm typischerweise nicht ein. Und auch das ist ritualisiert:

Frauen unterstützen. Männer lassen sich unterstützen.

Das gilt nicht nur fürs Business, sondern auch für Beziehungen. Sie unterstützt seine Pläne und Projekte, wo sie nur kann. Er lässt sie hängen, wenn sie mal seine Unterstützung braucht. Eine Bereichsleiterin in einem Anlagenbau-Unternehmen sagt: «Ich habe ihm quasi das Medizinstudium finanziert und den Haushalt geführt. Wenn ich heute jedoch auch nur ein Wochenende zu einer Weiterbildung möchte, schaut er mich schon schief an. Er hält es für ganz normal, dass ich mich für ihn aufopfere und er keine Gegenleistung dafür bringen muss.» So sind Männer nun mal? Irrtum, so sind ihre Rituale. Und gegen Rituale ist ein Kraut gewachsen. Business-Hexen wissen, wo es wächst.

Emanzidötchen

In der strategischen Unternehmensberatung wird der schöne Brauch gepflegt: Wenn ein Kunde vom Beraterteam arroganter Jungakademiker sauer gefahren wurde, nicht mehr mit dem Chefberater spricht, sich am Telefon verleugnen lässt, keine Termine mehr vereinbart und auch keine Informationen mehr rausrückt – dann schickt man die Frauen ins Feld, die Kastanien aus dem Feuer zu holen. Mann stellt ein Team aus Juniorberaterinnen zusammen, die VEE betreiben: Verbalisieren emotionaler Erlebnisinhalte. Auf Deutsch: zuhören und verstehen. Das konnten die Männer nicht, können sie nicht, und dieses Weghören macht viele Kunden sauer: die Arroganz, die emotionale Kälte, das mangelnde Verständnis für die Lage des Kunden. Die Frauen geben dann, was die Männer vorher nicht zu geben im Stande waren: Verständnis, Mitgefühl. Das können Männer (offensichtlich) nicht geben, weshalb es auf der emotionalen Seite ein permanentes latentes oder akutes systemisches Ungleichgewicht in der strategischen Unternehmensberatung gibt. Logisch, dass nach dem Feuerwehreinsatz regelmäßig nicht die Frauen, sondern die Männer die Anerkennung für das erfolgreich beendete Beratungsprojekt ernten ... Der Notfall beginnt mit einem Ungleichgewicht von Geben und Nehmen und wird mit einem solchen auch beendet.

Gleichgewichte fallen nicht vom Himmel

Business-Hexen erwarten keine Gerechtigkeit. Sie sorgen selbst dafür.

Viele Frauen beklagen, dass sie im Beruf so viel geben und so wenig zurückbekommen. Die Klage ist berechtigt. Sie hat nur einen kleinen Schönheitsfehler. Sie ändert nichts.

Klagen Sie, dann handeln Sie.

Männer verweigern sich auf vielen, vor allem sozialen und emotionalen Gebieten einem systemischen Ausgleich von Geben und Nehmen. Da hilft nur eines:

Fordern Sie den Ausgleich von Geben und Nehmen ein.

Reden Sie Tacheles, decken Sie die Schuldigkeiten auf und fordern Sie die verdiente Gegenleistung ein.

Eine Abteilungsleiterin sagte neulich zu ihrem Vorgesetzten: «Der Kollege kriegt für einen akquirierten Auftrag über 24 000 Euro eine Audienz beim Vorstand und ich für eine halbe Million Auftragswert nur einen nassen Händedruck vom Verkaufsleiter? Das kann ja wohl nicht angehen.» Der Vorgesetzte schaute kurz dumm aus der Wäsche, musste dann aber zugeben: «Naja, da ist was dran. Was hätten Sie denn gerne?» Die Kollegin lächelte befriedigt und forderte ein, was aus ihrer Sicht eine angemessene Gegenleistung darstellte.

Bemerkenswert an dieser Transaktion: Diese Business-Hexe ist nicht ausfällig geworden, hat nicht nach Art der Männer grob auf den Tisch gehauen, sondern eigentlich nur ausgesprochen, was sich jedes Kind denken konnte – und ist dabei sogar noch freundlich geblieben, wofür nun wirklich kein Anlass bestand. Prompt stellte sie den Ausgleich von Geben und Nehmen her. Wenn das so einfach ist, warum machen das dann nicht alle?

Frauen trauen sich nicht?

Männer fordern manchmal ganz unverschämte Gegenleistungen ein für das bisschen, was sie leisten. Frauen fordern oft noch nicht mal das, was ihnen zusteht. Warum? Ich gehe regelmäßig innerlich auf die Palme, wenn ich in einer Buchhandlung so genannte Frauenbücher entdecke, in denen zu lesen ist, dass Frauen sich das einfach nicht trauen, sich im Business ohnehin zu wenig trauen und zutrauen, sich also schlicht mehr trauen müssten. Oh, heilige Einfalt!

Schon ab dem Lower Management werden Sie keine lebende Frau finden, die sich nicht mindestens das Doppelte zutraut wie jeder Mann. Der Grund für die rätselhafte Zurückhaltung beim Ausgleich von Geben und Nehmen liegt ganz woanders, wie im Übrigen jede Frau im Business bestätigen kann: «Das muss ich doch nicht einfordern. Das muss der Chef (Kollege, Mitarbeiter, Kunde, Partner ...) doch selbst merken. Das muss ich ihm doch nicht sagen.»

Es liegt also keineswegs am mangelnden Zutrauen, sondern daran, dass Frauen noch viel zu oft die eigenen hohen Maßstäbe an Männer anlegen – als ob wir es nicht längst besser wüssten.

Jede Frau weiß, dass jede Leistung eine angemessene Gegenleistung verlangt – doch Männer wissen das nicht, ignorieren oder verdrängen es.

Also vergessen Sie Ihre berechtigte Empörung über die Ungleichbehandlung, denn sie ist nicht wirklich berechtigt: Männer sind Gegenleistungsanalphabeten. Wenn Sie von ihnen eine Gegenleistung erwarten, dann müssen Sie sie ihnen buchstabieren. Und zwar schön langsam und deutlich, wie die Abteilungsleiterin in obigem Beispiel. Und sagen sie nicht: «Aber das muss er doch sehen. Das liegt doch auf der Hand.» Denn für Männer liegt in puncto angemessener Gegenleistung rein gar nichts auf der Hand. Männer sind eben keine Gedankenleser, auch wenn viele Frauen das (auch in der Beziehung) zu erwarten scheinen.

Sie werden überrascht feststellen: Nachdem Sie drei- oder viermal auf diese überdeutliche Weise Ihre verdiente Gegenleistung eingefordert (und bekommen) haben, verstehen Männer auch, worauf es Ihnen ankommt.

Achten Sie auf Angemessenheit!

Eine Botschaft werden Sie schon zwischen den Zeilen herausgelesen haben:

Tolerieren Sie auf keinen Fall ein Ungleichgewicht von Geben und Nehmen. Das ruiniert Sie langfristig.

Geistig und gesundheitlich. Eine gute Business-Hexe kann sich nicht jahrelang verausgaben, ohne etwas Äquivalentes zurückzubekommen. Dabei opfert sie sich buchstäblich auf. Die Japaner haben ein Wort dafür: Karoshi – Tod durch beruflichen Verschleiß. Das Interventionsgebot gilt übrigens auch für jede private Beziehung. Deshalb geht es den meisten Frauen besser, wenn sie sich scheiden lassen: Mit dem Kerl ist gleichzeitig auch das Ungleichgewicht weg, und frau blüht buchstäblich auf.

Wir haben schon gesagt, dass frau das Gleichgewicht einfordern muss, wenn sie Gerechtigkeit erfahren möchte Sie muss eine Gegenleistung einfordern. Damit ist das Was klar, das Wieviel macht in der Praxis jedoch erfahrungsgemäß Probleme.

Fordern Sie nicht nur eine Gegenleistung ein, fordern Sie vor allem eine angemessene Gegenleistung ein.

Geben Sie nur so viel, wie Sie als Gegenleistung erwarten dürfen!

Überlegen Sie sich bei dem, was Sie geben, erst einmal, was Sie als angemessene Gegenleistung akzeptabel finden.

Betrachten wir noch einmal die freundliche Businessfee, die in ihrer Abteilung stets die Neuen anlernt. Eben weil ihr unter anderem dieses Ungleichgewicht mächtig auf den Senkel ging, kam sie ins Coaching. Im Coaching verkürzten wir den Anlass ihrer chronischen Unzufriedenheit auf eine simple Frage:

Fragen Sie sich, was Sie als Gegenleistung erwarten.

Sind Sie wirklich mit dem obligaten «Dankeschön» zufrieden? Oder erwarten Sie eine gleichwertige Unterstützung?

Die meisten Frauen erwarten mehr als ein schnödes Danke. Da Sie dieses Mehr aber wahrscheinlich nicht bekommen werden, sollten Sie sich eine zweite Frage stellen:

> Angesichts der zu erwartenden Gegenleistung – inwieweit lohnt sich der Einsatz noch für mich?

In den meisten Fällen lautet die Antwort: nicht mehr. Mit dieser Antwort können Businessladys gut leben. Jedenfalls besser als mit dem alten Ungleichgewicht. Denn als logischer Schluss ergibt sich daraus:

> Passen Sie Ihre Leistung an die erwartete Gegenleistung an.

Das heißt zum Beispiel: Ein bisschen Unterstützung für ein kleines Dankeschön. Wenn der Mann nur eine kleine Gegenleistung zu geben bereit ist, dann kriegt er auch nicht die komplette Behandlung, sondern nur das, was seiner Gegenleistung entspricht. Natürlich ist auch der Umkehrschluss denk- und machbar:

> Passen Sie die Gegenleistung an Ihre eigene Leistung an: Fordern Sie eine konkrete Gegenleistung von vornherein ein.

Besagte Businesslady schlug zum Beispiel dem nächsten neuen Mitarbeiter, der eingelernt werden sollte, vor: «Ich lerne Sie gerne ein, wenn Sie mir pro Woche einen meiner Produkttexte ins Englische übersetzen.» Das entsprach nach ihrem Gefühl einer angemessenen Gegenleistung. Der Neue, der verhandlungssicher Englisch spricht, schlug ein. Männer geben zwar von sich aus keine angemessene Gegenleistung, doch wenn man einen Deal mit ihnen schließt, halten sie sich auch daran.

Teil IV:
Sabotage-Rituale

19. Das Wer-kann-wem-Ritual

Emanzidötchen

Eine Abteilungsleiterin erzählt: «Ich habe einen Mitarbeiter, der bringt mich permanent auf die Palme. Ständig schreibt er Memos, in denen er meine Entscheidungen korrigiert, kritisiert und mich auf angebliche Fehler und Versäumnisse aufmerksam macht. Was erlaubt der sich eigentlich? Ich denke oft, dass er sich für den heimlichen Abteilungsleiter hält.» Das geht nun schon seit sieben Monaten so.

Wer sich wehrt, lebt verkehrt

Viele Businessfrauen leiden darunter, dass untergebene Männer ihre Nase in Sachen stecken, die eigentlich nur die Chefin was angehen. Das beginnt bei Memos, wie eben geschildert, und endet bei mündlichen Unflätigkeiten, zum Beispiel in Meetings, wenn der Untergebene der Chefin öffentlich über den Mund fährt oder sie vor versammelter Mannschaft belehrt.

Viele Frauen fassen das als blanke Diskriminierung auf, als Widerstand der Männer gegen die Vorgesetzte, bloß weil sie eine Frau ist. Wie reagieren Frauen ohne Zauberstab darauf?

Sie sind im ständigen Kampf um Anerkennung und gegen solche Übergriffe begriffen, müssen sich permanent gegen «die Männer» wehren. Sie reagieren genervt, frustriert, aufgebracht: «Nun lassen Sie das doch. Kümmern Sie sich gefälligst um Ihre eigenen Angelegenheiten.» Nutzt das was? Nicht wirklich, höchstens kurzfristig: Bei der nächstbesten Gelegenheit startet der Pappenheimer schon wieder einen neuen Übergriff.

Auch deshalb müssen sich Frauen im Beruf ständig gegen die Männer wehren. Nicht nur, weil Männer ständig Übergriffe begehen, sondern weil Frauen ohne Zauberkünste sich auf eine Weise dagegen wehren, die die Übergriffe nicht nur nicht verhindert, sondern geradezu fördert.

Der Holzweg: Abwatschen

Warum behandeln Männer die eigene Chefin von oben herab? Es liegt auf der Hand: Weil sie beweisen wollen, dass sie es besser wissen, besser können und im Übrigen der bessere Vorgesetzte wären. Männer schreiben Memos, delegieren, kontrollieren oder kritisieren rituell nicht, um Memos zu schreiben, zu delegieren, zu kontrollieren oder zu kritisieren, sondern um zu demonstrieren, dass sie einem anderen ein Memo auf den Tisch knallen, ihn kontrollieren und kritisieren können. Denn wenn sie das können, stehen sie offensichtlich über ihm. Männliche Kommunikation dient größtenteils nicht der Information, sondern dem Machterhalt, der Konkurrenz und verschiedenen Rangritualen.

Aus systemischer Sicht ist das typisch für Rangfolge-Rituale: Der Mann stellt die herrschende Rangfolge in Frage. Also muss frau diese einfach wieder herstellen. Viele Businessladys sind darauf auch schon gekommen. Das erkennt man an den üblichen Zurechtweisungen: «Hören Sie mal, ich bin hier die Vorgesetzte und Sie der Mitarbeiter. Sie stecken Ihre Nase in Dinge, die Sie nichts angehen.» Sie hören sich die Zurechtweisungen an, die zwar manchmal funktionieren, manchmal aber auch wie im oberen Beispiel die Situation monatelang als Konflikt aufrechterhalten. Warum? Weil hartnäckige Rangspieler auf so eine Zurechtweisung eingeschnappt reagieren. Warum? Weil ein Mann es sich nicht gefallen lassen kann, von einer Frau abgewatscht zu werden. Auch das ist ein Ritual, das wir eigentlich kennen müssten.

Was funktioniert besser? Sie haben es bereits kennen gelernt.

Das Mama-Ritual im Dienste der Rangfolge-Restauration

Das Mama-Ritual kennen Sie bereits (s. Kapitel 9, Seite 94 f.). Verkürzt sagt es: «Rede zu ritualisierenden Männern wie zu einem Vierjährigen: einfach, klar, aber mit starker Hand.» Es nützt wenig bis nichts, einem Vierjährigen den Griff auf die Herdplatte *zu verbieten*. Das wissen wir alle längst. Doch wenn Mama sagt: «Wenn du da draufgreifst, musst du danach furchtbar weinen, kommst ins Krankenhaus und kannst zwei Wochen nicht mit den Buntstiften malen», dann geben erstaunlich viele Vierjährige das Vorhaben auf, auf die heiße Herdplatte zu fassen. In Bezug auf unser Rangfolge-Ritual sieht ein wirksamer Zauberspruch zum Beispiel so aus:

«Ich bin hier die Chefin, Sie sind mein Mitarbeiter (einfache Worte, kurze Sätze, nur über den Kern der Sache reden). Meine Position ist höher als Ihre (und sagen Sie nicht, dass das dem Mann doch klar sein muss – denn genau das ist ihm offensichtlich nicht klar, sonst würde er Sie nicht derart veräppeln). Ich bin für ... verantwortlich, und Sie sind für ... verantwortlich (verlassen Sie sich nicht darauf, dass das Kind die richtigen Schlussfolgerungen zieht – seien Sie eine gute Mama, ziehen Sie diese fürs Kind). Ich kümmere mich um meine Aufgaben und Sie um Ihre. Deshalb werden Sie sich ab sofort aus meinem Aufgabenbereich heraushalten. Ist das klar?» Und bei dieser Frage schauen Sie dem Ritualisierenden unbewegt und streng wie eine gute Mutter in die Augen. Wenn Sie tief genug hineinschauen, werden Sie erkennen können, wie in den Tiefen seines Geistes der berühmte Groschen fällt.

Warum funktioniert die Zauberformel des Mama-Rituals so viel besser als die übliche Zurechtweisung? Weil die Zauberformel die Wiederherstellung der Rangfolge ohne Vorwurf, Drohung und Abwatschen erreicht. Die Rangfolge wird auf eine Weise dargestellt, der auch ein Mann zustimmen kann. Das ist der springende Punkt, der eigentliche Zauber, der weit über die Rangfolgeproblematik hinausgeht:

Ein Mann ändert sein Verhalten dann und nur dann, wenn er zustimmen kann.

Business-Hexen, die diesen simplen Zusammenhang im Hinterkopf behalten, können jeden Mann verzaubern. Zustimmung ist die oberste Voraussetzung für jedes Change Management – nicht nur bei Ritualen. Man sollte einem anderen die Wahrheit niemals um die Ohren schlagen, sondern sie ihm wie einen Mantel hinhalten, damit er hineinschlüpfen kann. Um die Ohren schlagen erzeugt Widerstand – das Letzte, was Sie in Change-Prozessen benötigen. Nur Akzeptanz erzeugt Veränderung. Akzeptanz ist ein mächtiger Zauber.

Tipps zum Mama-Ritual

Wie oft müssen Sie einem Sechsjährigen sagen, dass die schmutzigen Socken in die Wäschekiste und nicht auf den Boden gehören? Dreimal, dreizehnmal, dreißigmal? Was schätzen Sie, wie oft? Die exakte Antwort lautet: So oft, bis er's tut. Dasselbe gilt auch für Männer. Denn in jedem Mann steckt ein Sechsjähriger, der rauswill ...

Männer lernen selten beim ersten Mal (wer tut das schon?). Wiederholen Sie den Zauberspruch so oft, bis er seine Lektion gelernt hat.

Es ist nicht Ihre Aufgabe, Männer zu erziehen? Akzeptable Einstellung. Wer leidet unter dieser Einstellung? Sie allein. Also geht es völlig in Ordnung, wenn Sie sie weiter pflegen – Sie schaden damit ja keinem andern. Scherz beiseite: Erfolgreiche Business-Hexen haben eine andere Einstellung.

Sie sagen: «Na klar ist es meine Aufgabe, Männern Benimm beizubringen – wer sollte es ihnen denn sonst beibringen? Etwa ihre Väter oder Kollegen?»

Wiederholen Sie das Mama-Ritual, so oft es eben nötig ist.

Nach einem halben Dutzend Wiederholungen haben die meisten Rangfolge-Ritualspieler ihre Lektion gelernt. Sie merken das daran, dass die Rangfolge-Übergriffe seltener werden und zeitweise völlig aufhören, dass Sie als Chefin vorbehaltlos akzeptiert werden und Ihnen keiner mehr dreinredet.

Beenden Sie Rangfolge-Rituale immer auf eigenem Territorium.

Also im eigenen Büro hinter dem eigenen Schreibtisch sitzend. Dann sprechen die formellen Insignien Ihrer Rangposition für Sie (jede gute Hexe hat ihre Zauberutensilien). Wenn Sie die Rangfolge auf seinem Territorium klären wollen, werden Sie immer wieder scheitern, weil er sich in seinem Revier für den Platzhirsch hält, was nicht ganz von der Hand zu weisen ist. Das Auge isst mit, das Auge lernt mit. Wenn Sie einem Mann zeigen wollen, dass Sie den höheren Rang haben, dann müssen Sie ihm auch etwas fürs Auge bieten, nämlich Ihr Büro mit allen Symbolen Ihrer Position. Symbole sind mächtige Magie. Erfahrene Business-Hexen wissen das.

Natürlich ist es geradezu lächerlich, dass ein Mann nicht die grundlegendsten Dinge im Beruf kapiert, zum Beispiel, dass seine Chefin im Rang über ihm steht. Doch gerade das ist herausragendes Zeichen von Business-Ritualen: Bei Licht betrachtet sind sie allesamt völlig verrückt. Die große Versuchung liegt darin, sie deshalb nicht ernst zu nehmen, sie nach dem Motto abzutun: «Aber so etwas muss ein Mann doch wissen.» Sobald wir dieser Versuchung erliegen, hört die Lächerlichkeit schnell auf, und es wird richtig ernst, hässlich, diskriminierend und stressig. Erfolgreiche Business-Hexen verdrängen lächerliche Rituale nicht, sie verzaubern sie.

Die Frau steht rechts

Stehen, gehen und sitzen Sie immer an der rechten Seite eines untergebenen Mannes.

Rechts ist kulturgeschichtlich der Platz der Respektsperson. Noch in den Sechzigerjahren saßen zum Beispiel in katholischen Kirchen die Männer in der rechten, die Frauen in der linken Bankreihe – in ländlichen Gebieten ist es teilweise immer noch so. Die kulturellen Belege für den rechten Respektsplatz sind überall zu finden. Sie werden auch durch Körpersprache-Studien belegt: Steht, geht oder sitzt die Frau links von einem Untergebenen, zeigt dieser deutlich mehr Symptome von Insubordination und von Rangritualen, als wenn sie rechts steht, geht oder sitzt. Die rechte Position ist ein unbewusstes körpersprachliches Signal, das sich Businessladys zunutze machen. Haben Sie etwas mit einem Untergebenen zu besprechen, reden Sie ihn immer von rechts an.

Sollen Frauen am Stuhl vom Chef sägen?

Frauen klagen oft über inkompetente Chefs. Logisch, denn Frauen sind rein statistisch betrachtet nun mal kompetenter als die meisten Männer. Empfiehlt es sich deshalb für sie, nun ihrerseits das Wer-kann-wem-Ritual zu spielen?

Eine akademische Frage. Denn Frauen reagieren anders auf einen inkompetenten Chef. Sie zeigen ihm nicht, dass sie's besser wissen, sondern sticheln, strafen ihn mit Verachtung, machen Dienst nach Vorschrift, lästern mit den Kolleginnen über den Chef – aber sägen so gut wie nie mit Rangfolge-Ritualen an seinem Stuhl, so inkompetent er auch sein mag. Gerade deshalb ergibt sich doch die Frage: Wäre es nicht sinnvoll und nützlich, ihm zu zeigen, dass die Frau die bessere Chefin wäre?

Die Frage lässt sich anhand jener wenigen Frauen beantworten, die das Ritual tatsächlich schon mal angewandt haben. Funktionierte es da? In gewisser Weise: Der Chef reagiert in der Regel verunsichert bis verärgert. Das ist die kurzfristige Wirkung. Die langfristige Wirkung jedoch entscheidet: Der Chef rückt die Frau einfach ins Abseits. Warum? Weil er sich mit Männern anlegen kann und traut. Mit Frauen legen sich die meisten Männer jedoch nicht oder kaum an. Auch deshalb ist der Kampf gegen «die Männer» derart ermüdend: Männer kämpfen nicht mit Frauen, sie rücken sie ins Abseits. Und aus dem Abseits heraus ist jeder Kampf sinnlos, dafür kraftraubend. Einer dieser Kämpfe, bei denen frau sich total aufopfern kann, ohne jemals etwas zu erreichen.

Also klare Empfehlung: Hände weg vom Wer-kann-wem-Ritual. Auch einem inkompetenten Chef begegnen Sie am besten mit dem Mama-Ritual. Inkompetente Chefs schreien geradezu nach der guten Fee, die sie an der Hand nimmt und sie von ihrem Leiden erlöst.

20. Das Bürosklaven-Ritual

Frauen kriegen die Blödjobs

Die Sklaverei ist offiziell abgeschafft. Außer in Büros. Da werden Frauen als moderne Bürosklaven gehalten.

Wenn fünf Abteilungsleiter und eine Abteilungsleiterin im Meeting sitzen, können Sie Geld darauf verwetten, dass meist die Frau die Sitzungsprotokolle schreibt. Wer verschickt die Einladungen zu Meetings, kümmert sich ums Catering und die Getränke im Sitzungssaal? Wer räumt die Kaffeeküche auf, nachdem die Horde wilder Neandertaler randalierend durchgetobt ist? Natürlich die Frau(en) im Team. Schauen Sie sich mal in Ihrer Arbeitsumgebung um und beobachten Sie, welche Aufgaben Männer und welche Frauen regelmäßig verrichten. Der Unterschied ist augenfällig.

Frauen bekommen die «Sozialjobs». Wenn zum Beispiel ein Kunde zickt, schicken die meisten Vertriebsorganisationen und Beratungen Frauen an die Front, um ihn wieder ins Boot zu holen. Wie schon Wellington vor Waterloo sagte: «Ich wollte, es wäre Nacht oder die Mädels kämen.» In vielen Branchen und Positionen werden Frauen mit dem expliziten Hintergedanken eingestellt, Kunden «was fürs Auge zu bieten». «Ziehen Sie sich morgen was Nettes an – ein wichtiger Kunde kommt.» Solche üblen Sprüche kennen die meisten Frauen unterhalb der ersten Führungsebene nur allzu gut.

Wer das für nackten Sexismus hält, macht sich Illusionen. Diskriminierung kann man mit viel Geduld abstellen oder zumindest per Gesetzgebung wesentlich mindern – fragen Sie jeden farbigen US-Bürger. Das Bürosklaventum der Frau dagegen hat sich in den letzten fünfzig Jahren nicht wesentlich gebessert. Es ist keine Diskriminierung. Es ist schlimmer. Es ist Ritual.

Was macht die Sklavin?

Die Reaktion der gebildeten, modernen jungen Frau auf die atavistische Sklavenhaltung überrascht selbst hartgesottene Feministinnen. Die meisten Frauen nehmen sie einfach so hin. Sie leiden zwar darunter, dass sie Beschäftigte zweiter Klasse sind, doch: «Das gehört wohl zum Job», wie eine Vorstandsassistentin meinte, als sie das kurze Kostüm mit etwas zu viel Bein vor dem Spiegel zurechtzupfte, weil der Holdingvorstand sich zum Nachmittag angesagt hatte. Die perfide, ritualisierte, sexistische Rollenverteilung ist nolens volens schon internalisiert. Gehört quasi zur geistigen Grundausstattung einer angehenden Businesslady.

Eine zweite, ebenfalls häufig anzutreffende Reaktion auf den Ritus überrascht dagegen keineswegs: das Zickentum klassischer Emanzen: «Wieder mal typisch Mann. Wir sollen hier die Drecksarbeit erledigen, und die Kerls machen sich einen faulen Lenz.» Die Monologe, die solchen Anwürfen folgen, haben wir alle gut im Ohr und das Ergebnis vor dem geistigen Auge: Die Männer sitzen feixend im Rund, lassen die Zicke schweigend auflaufen und grinsend abblitzen, bis sie irgendwann frustriert von dannen zieht und ihrem habituellen Hass auf eine gewisse Marke Männer frönt.

Beide Reaktionen sind nicht wirklich geeignet, die Sklaverei im Büro abzuschaffen. Aber darauf sind Sie auch schon gekommen, nicht wahr?

Wer sich nicht wehrt ...

Gute Business-Hexen entrinnen der modernen Bürosklaverei, weil sie sie durchschauen: Männer drücken Frauen nicht deshalb die Blödjobs rein, weil sie sie sabotieren wollen – das *Ergebnis* ist zwar Sabotage, doch nicht die Absicht. Die *Absicht* durchschauen Businessladys mit Systemblick: Das System «Männer im Beruf» gehorcht dem ersten systemischen Kriterium: Zugehörigkeit. Die guten Jobs teilen Männer spontan und unbewusst unter denen auf, die dazugehören (= Männer), schon seit Jahrhunderten dazugehören und im Übrigen auch zuerst da waren (in der kapitalistischen Arbeitswelt). Den Rest gibt man denen, die nicht dazugehören (= Frauen).

Es soll Männer geben, die das nicht gut finden – doch selbst sie können nicht über ihren rituellen Schatten springen. Das System und seine Bande der Zugehörigkeit ist stärker als selbst der stärkste Mann. Man kann den Mann aus dem System raus-, aber nicht das System aus dem Mann rausbringen. Zuerst kümmert mann sich um die, die dazugehören – auch wenn dabei moderne Sklaverei herauskommt. Sie ist nicht beabsichtigt, sondern lediglich eine unerwünschte Nebenwirkung der Zugehörigkeitsdynamik. Das macht sie nicht weniger lästig ...

Business-Hexen durchschauen den Ritus, zicken nicht emanzipatorisch, schlucken nicht stumm und passen sich nicht an, sondern werden präventiv: Sie machen von vornherein Vorschläge, wie man die anstehende Arbeit auch anders regeln kann. Indem sie zum Beispiel beim Protokoll die Rotation unter allen Sitzungsteilnehmern vorschlagen: «Liebe Kollegen, ich möchte vorschlagen, dass wir mit der heutigen Sitzung die Protokollführung rotieren, damit jeder mal drankommt.» Sie haben das auch schon probiert und dabei auf Granit gebissen? Was haben Sie erwartet? Was ein eingefleischter Sklavenhalter ist, der ergibt sich nicht kampflos.

Sklavenhalter wehren sich

Wer einem Sklavenhalter vorschlägt, sich doch einen anderen Dummen zu suchen, muss schon ziemlich naiv sein, um nicht mit Widerspruch zu rechnen à la: «Aber wieso denn, Frau Müller? Sie machen das doch prima.» Darüber ärgert eine gute Hexe sich nicht. Den Widerspruch der Männer erwartet eine erfahrene Businesslady geradezu – zumindest am Anfang. Denn wenn die Männer merken, dass eine Frau sich nicht mehr kommod versklaven lässt, probieren sie es bald schon weitaus seltener. Männer sind durchaus lernfähig.

Erfahrene Businessladys erkennen das übliche männliche Widerspruchsritual (s. Kapitel 6) und haben den passenden Zauberspruch parat: «Danke für die Blumen, aber ich habe wie jeder von uns auch noch anderes zu tun. Deshalb finde ich es nur gerecht, wenn wir uns beim Protokoll abwechseln. Aus diesem Grund habe ich die Rotation vorgeschlagen. Lassen Sie uns gemeinsam eine Regelung finden, mit der alle zufrieden sein können.»

Businessladys befreien sich Stück für Stück von der Sklaverei, indem sie sklavisch aufgebrummte Arbeiten neu verteilen.

Die Sklavenbefreiung geschieht dabei nicht über Nacht, so wie keine Emanzipation über Nacht geschehen kann. Sie wird jeden Tag ein Stückchen weiter getrieben. Stimmt, das ist ungerecht und mit Aufwand verbunden. Männer müssen diese Befreiungsarbeit nicht auf sich nehmen. Aber diese Erkenntnis hilft Ihnen nicht wirklich weiter, oder? Wer sich über Ungerechtigkeiten beklagt, hat immer etwas vom Hauch der Hilflosigkeit an sich. Und eines ist gewiss: Businessladys mögen vieles sein, doch hilflos sind sie nicht.

Wer zu viele Blödjobs klaglos verrichtet, wird nicht wirklich glücklich im Job und sabotiert sich vor allem selbst. Wer gibt einer Sklavin schon die guten Jobs, Projekte, Kunden, Posten, Gehälter, Boni ...? Wer gibt einer Sklavin die Anerkennung, die sie verdient? Den Respekt als Kollegin und Vorgesetzte?

Ausgleich als Verstärker

Wenn Sie sich von der Sklaverei befreien und mit dem Widerspruch der Männer konfrontiert werden (worauf Sie wetten können), hilft es, sich ans vierte systemische Kriterium zu erinnern: den Ausgleich von Geben und Nehmen.

Fordern Sie einen fairen Ausgleich ein. Er verstärkt Ihren Wunsch nach Sklavenbefreiung.

Eine beziehungsfreundliche Forderung kann zum Beispiel so lauten: «Ich habe jetzt über ein Jahr lang ... (die Protokolle geschrieben, die Kaffeeküche aufgeräumt ...). Jetzt ist mal jemand anders dran.» Dieser geforderte Ausgleich verstärkt den Zauber, verstärkt Ihren Vorschlag zur Neuverteilung der Arbeit und verschafft ihm größere Erfolgsaussichten. Wenn Sie den Ausgleich fordern, bekommen Sie ihn meist auch, da Männer in der Regel folgsam auf Forderungen reagieren (widersprechend, aber folgsam). Jedoch: Sie müssen ihn fordern, Sie müssen den Zauberstab schwingen. Von sich aus würde der typische Mann nämlich keinen Ausgleich geben.

Ist es nicht lästig, dass Männer im Beruf (und in der Beziehung) von alleine kaum etwas zurückgeben, egal, wie viel frau in die Arbeit (oder die Beziehung) hineinsteckt? Doch, das ist es, und genau das macht den Job (und manche Beziehung) für viele Frauen so stressig und unbefriedigend. Nicht so sehr das Fachliche, die Hektik und der Druck stresst Frauen im Job, sondern dass sie für ihren engagierten Einsatz so wenig zurückbekommen.

Warum sind Männer so ungerecht? Warum nehmen sie so viel und geben so wenig? «Männer sind wie Einbahnstraßen», sinnierte jüngst eine Seminarteilnehmerin. «Es kommt nichts zurück.»

21. Männer sind wie Einbahnstraßen

Warum geben Männer nichts zurück?

Warum lassen Männer ihre Bürosklavinnen jahrelang allein die Protokolle schreiben, die Pflanzen im Meetingraum wässern, bei kochenden Kunden die Kastanien aus dem Feuer holen oder die täglich völlig versaute Kaffeeküche aufräumen, ohne einen fairen Ausgleich dafür zu geben? Warum nehmen Männer in Beruf und Beziehung so viel und geben so wenig? Warum müssen Businessladys den fairen Ausgleich, den sie längst verdient haben, erst explizit einfordern? Tja, Männer sind da ganz anderer Ansicht:

> Männer nehmen viel und geben wenig – und halten das Wenige für genug.

Männer sind geradezu empört, wenn ihre Partnerin sich darüber beschwert, dass sie sich allein um die Beziehung kümmern muss, oder wenn eine Businesslady auf ihrem fairen Ausgleich besteht. Denn der archetypische Mann ist der festen Überzeugung, dass er bereits seinen Ausgleich geleistet hat.

Was Männer unter fair verstehen

Männer halten sich für die Champions des fairen Ausgleichs. Wenn eine Kollegin jahrelang die Protokolle für die Arbeitsgruppe ins Reine tippt, grafisch aufpeppt, verteilt und sich auch noch die dummen Bemerkungen der schreibunkundigen Kollegen darüber anhören muss, dann geben Männer dafür einen angemessenen Ausgleich, indem einer von ihnen mal zwischen Tür und Angel gönnerhaft bemerkt: «Das haben Sie aber wieder schön gemacht, Fräulein Susi.»

Unter scharfzüngigen Business-Hexen ist das auch als «Tätschel-Anerkennung» oder «Quartalslob» berüchtigt. Man streicht der Kleinen einmal im Quartal wohlwollend übern Kopf, damit sie auch künftig spurt. Männer halten das tatsächlich und in aller Naivität für einen vollständigen und fairen Ausgleich für die Riesenmenge Arbeit, die eine gute Fee leistet.

«Männer glauben wirklich», verriet mir eine Bereichsleiterin in einem Pharmaunternehmen, «dass sie Frauen im Beruf mit denselben Peanuts abspeisen können wie in der Beziehung.» In der Beziehung muss der Mann keine Hausarbeit leisten, denkt er, denn er schafft ja die Kohle ran. Und wenn er sich tatsächlich mal herablässt, auch im Haushalt einen Finger krumm zu machen, verrichtet er mehr schlecht als recht eine Bagatellarbeit und bläst seine Leistung dann mit dem üblichen Angeber-Ritual zur herkuleischen Großtat auf, etwa nach dem Motto: «So, jetzt habe ich meinen Anteil an der Hausarbeit aber für diesen Monat geleistet.» Herzlichen Dank auch.

Diese Art Ausgleich ist jeder normalen, vernünftigen, noch nicht völlig um den eigenen Verstand sozialisierten, anständigen, rechtschaffenen Business-Hexe einfach zu wenig. Das ist kein Ausgleich, das sind Alibis.

Angemessen ist das, was Sie als angemessen empfinden

Wir haben bereits gesagt, dass Sie einen fairen Ausgleich für Ihre Leistung nur bekommen, wenn Sie ihn einfordern. Auch den folgenden Imperativ haben wir schon erwähnt:

> Fordern Sie keinen Ausgleich, sondern einen angemessenen Ausgleich.

Was ist angemessen? Merken Sie sich dieses Motto, hängen Sie es sich innerlich vor Ihr geistiges Auge:

Angemessen ist nur das, was Sie als angemessen empfinden.

Auf die Empfindung kommt es dabei an. Geben Sie sich nicht mit weniger zufrieden. Was für Ihre Leistung angemessen ist, kann Ihnen kein Guru und kein Vorgesetzter sagen. Das wissen nur Sie allein. Nein, Sie wissen das nicht, das können Sie nur spüren. Nur Sie spüren, was Ihre ganz persönliche Leistungsbilanz ins Gleichgewicht bringt. Was auch immer Sie leisten, fragen Sie sich: Was habe ich geleistet? Was empfinde ich als einen fairen Ausgleich für meine Leistung? Und dann fordern Sie diesen Ausgleich ein.

Als angemessen empfinden die meisten Businessladys einen Ausgleich, der den Mann genauso viel kostet, wie die Leistung die Frau gekostet hat.

Sabine schreibt tatsächlich seit fünf Jahren ununterbrochen sämtliche Feasibility-Studien ihrer Forschergruppe. Dafür kriegt sie als Ausgleich von Peter jede ihrer Präsentationen perfekt gepowerpointed, von Klaus jedes Jahr ihr Jahresbudget aufgestellt und von Erwin die Statikberechnungen ihrer Chassiskonstruktionen. Ist das für sie ein angemessener Ausgleich für ihre Feasibility-Mühe? «Nicht so ganz», schmunzelt die kleine Hexe, «ich komme dabei ein wenig besser weg als die Jungs – doch die sind heilfroh, dass ich ihnen die komplizierte Feasibility abnehme. Und drunter mache ich es einfach nicht.» So spricht eine echte Businesslady.

Teil V:
Das Erfolgsritual

22. Der weibliche Weg

Emanzidötchen

Eine Kollegin unterhielt sich mit einem Konzernmanager über die Aufstiegsmöglichkeiten von Frauen in seinem Unternehmen. Sie fragte ihn: «Welche Frauen schaffen den Sprung in eine Führungsposition?» Sie hatte mit allem gerechnet. Damit, dass nur die Toughen oder die Überangepassten, die Mannweiber oder die Kämpferinnen bevorzugt befördert würden. Die Antwort des Managers überraschte sie. Er sagte: «Die mütterlichen.»

Mütter ins Business?

Toughe Mädels bringen es weit im Business. Wer so auftreten und laut sprechen kann wie ein Mann, wird oft auch anerkannt und befördert wie ein Mann. Der Preis dafür ist jedoch, wie schon erwähnt, recht hoch: Selbstaufgabe, Verlust der Weiblichkeit, Identitätsverlust, psychosomatische Beschwerden, Hormonstörungen, latente Unzufriedenheit, Burn-out. Das alles muss nicht sein. Denn es gibt eine Alternative.

Eine Frau muss nicht sein wie ein Mann, um es so weit zu bringen wie ein Mann (und weiter).

Auf der anderen Seite muss sie dafür auch nicht so sein wie eine Mutter, um Erfolg im Business zu haben. Das Attribut «mütterlich» kam immerhin von einem Mann. Eine Frau würde anders dazu sagen: authentisch, echt, weiblich, kongruent, sich nicht verbiegen, sich selbst treu bleiben ... Es ist verständlich, dass der Manager das Attribut «mütterlich» verwendete, denn im Sprachgebrauch von Männern ist die Begriffsfamilie «Authentizität» so gut wie nicht vorhanden.

Neben dem männlichen gibt es auch einen weiblichen

Weg zum Erfolg. Das wissen viele Frauen nicht, die im Beruf stehen. Sie sehen als Vorbilder nur Männer und glauben unbewusst, dass es nur diesen einen Weg gibt, um vorwärts zu kommen. Erfahrene Business-Hexen kennen dagegen auch den authentischen Weg. Bezeichnenderweise sagten viele von ihnen, als ich mit ihnen über ihren Berufsweg sprach: «Ich bin immer ich geblieben. Verbogen habe ich mich nie. Und ich habe es auch künftig nicht vor.» Es gibt ein Wort dafür: Authentizität.

Business-Hexen verbiegen sich nicht.

Authentizität ist ein, wenn nicht das Erfolgsritual schlechthin für Frauen im Beruf, die Frau bleiben wollen.

Die Alternative zum Ellenbogenprinzip

Authentizität ist eine der wichtigsten und wirkungsvollsten, fruchtbarsten und angenehmsten menschlichen Stärken. Wer authentisch ist, bleibt bei sich – allein schon der Gedanke daran tut gut. Authentizität ist ein mächtiger Zauber guter Hexen. Authentizität hat nicht nur eine Innen-, sondern auch eine Außenwirkung. Sie verschafft Ihnen bei anderen Menschen Aufmerksamkeit, Anerkennung, Akzeptanz, Achtung, Respekt, Glaubwürdigkeit, Überzeugungskraft und Vertrauenswürdigkeit.

Wer echt bleibt, tut sich und anderen gut.

Authentizität ist vor allem eine ideale Alternative zum Ellenbogenprinzip. Wer authentisch ist, muss nicht den Ellenbogen ausfahren oder mit der Faust auf den Tisch hauen. Authentizität wirkt sogar auf Jünger des Ellenbogenprinzips. Viele erfolgreiche Businessladys verrieten mir: «Ich sage immer, was ich denke – die Männer schätzen mich dafür.» Eine Lady, die die Ellenbogen ausfährt, würden sie dagegen nicht schätzen ...

Führungsrituale im Vergleich

Die Vorzüge der Authentizität treten am stärksten beim Vergleich mit anderen Führungsstilen zu Tage. Betrachten wir eine alltägliche Führungssituation: Ein Mitarbeiter hält eine Zusage nicht ein, ist mit seiner Aufgabe zeitlich im Verzug, was nachfolgende Arbeitsabläufe gehörig durcheinander bringt.

Das typisch männliche Führungsritual heißt hier «Zusammenfalten»: «Was fällt Ihnen ein, den kompletten Auftrag zu gefährden? Ihr Arbeitsergebnis liegt morgen bei mir auf dem Tisch, sonst können Sie was erleben.» Der Vorgesetzte fühlt sich nach der Gardinenpredigt super, der Mitarbeiter ist dagegen zwei Wochen lang sauer auf ihn, erledigt die Arbeit widerwillig und halbherzig.

Dem Büromäuschen-Ritual folgend würde eine indirekt kommunizierende Vorgesetzte ohne Zauberstab ungefähr folgendermaßen formulieren: «Es wäre schön, wenn die Sache schnell erledigt werden könnte.» Danach ist zwar die Beziehung noch intakt, doch am nächsten Tag liegt das Arbeitsergebnis immer noch nicht vor, weil sich der Mitarbeiter nicht angesprochen fühlt und auch keine konkrete Vorgabe bekam.

Die typische Kämpferin wird formulieren: «Also, so geht's nun wirklich nicht. Wenn alle im Team sich reinhängen, verlange ich das auch von Ihnen. Wenn die Sache nicht bis morgen erledigt ist, hat das Konsequenzen für Sie.» Danach wird die Arbeit zwar halbherzig und widerwillig erledigt, doch die Beziehung ist nachhaltig gestört. Der gemaßregelte Mann mag seine Chefin nicht mehr, seine Kollegen ebenfalls; denn kein Mann mag eine Feldwebelin – Frauen übrigens auch nicht, also verliert die toughe Kämpferin auch die Loyalität der Geschlechtsgenossinnen. Das erträgt die Kämpferin einige Jahre mit zusammengebissenen Zähnen, weil sie glaubt, das gehöre zum Job – danach entwickelt sie seelische und körperliche Beschwerden. Der Kampf fordert sein Opfer. Ein Kampf fordert immer Opfer ...

Authentisch führende Business-Hexen machen wie die Kämpferin ebenfalls keine Mördergrube aus ihrem Herzen. Doch sie greifen nicht an, sie artikulieren ihre Emotionen: «Ich bin schon enttäuscht, dass Sie den Termin nicht halten.» Dann schalten sie sofort auf emotionale Anteilnahme um: «Was ist denn los?» Dem Mitarbeiter sieht man förmlich an, wie ihm das gut tut («Endlich fragt mal einer»). Das folgende Minicoaching produziert eine Win-Win-Situation: Dem Mitarbeiter geht es gut, der Chefin geht es gut. Der Mitarbeiter erledigt prompt die Arbeit, denn eine gute Businessfee, die sich derart um ihn kümmert, kann und möchte er nicht hängen lassen. So einfach ist Menschenführung. Wenn frau den Zauber kennt.

Was heißt authentisch?

Authentisch zu führen, ist gar nicht so schwer. Wer sich und andere authentisch führt,

- lässt bei sich und anderen Emotionen zu,
- kümmert sich bei der Führung um die Beziehungsebene,
- bringt gleichzeitig auch die Sache voran (Männer vernachlässigen die Beziehung, Mäuschen die Sache),
- übt die ihr gegebene Macht aus, aber nicht um der Macht, sondern um der Sache und der Mitarbeiter willen,
- geht nicht über Leichen, nimmt aber auch kein Blatt vor den Mund,
- führt so, dass sie sich gut dabei fühlt, vor den eigenen Maßstäben bestehen kann,
- bleibt dabei ganz Frau.

Das ist doch gerade die Stärke von Frauen, dass sie Gefühle wie Dankbarkeit, Rührung, Achtung oder Wertschätzung im Business zulassen und ausdrücken (können) – dadurch entsteht Glaubwürdigkeit, Authentizität und Loyalität. Business-Hexen sind authentisch.

Nehmen Sie sich nicht Manager zum Vorbild, sondern authentische Managerinnen.

Wenn Sie bereits (in Ihren eigenen Augen) sehr männlich führen, können und sollten Sie umsteigen. Es ist nie zu spät. Da sich Führungsstile ohnehin langsam ändern, wird sich niemand darüber beschweren, dass Sie «plötzlich umschwenken». Bis Sie so authentisch führen, dass Sie selbst damit zufrieden sind, vergeht ein halbes bis ein Jahr. Authentizität ist keine Technik, sondern eine Lebenshaltung, die weit über den Beruf hinaus gut tut. Sie werden es erleben.

Entdecken Sie Ihre Authentizität

Authentisch ist frau nicht einfach so. Da wir alle «gut erzogen» sind, müssen wir unsere eigene Authentizität erst wieder entdecken. Manchmal täglich neu. Es hilft ungemein bei dieser Entdeckungsreise, wenn Sie sich folgende Orientierungsfragen stellen:

- Was ist für mich authentisch? Das heißt: Wie möchte ich führen? Wie möchte ich zu Mitarbeitern, Kollegen, Chefs und Kunden reden? Wie emotional, wie beziehungsorientiert und wie sachlich möchte ich dabei sein? Wie sieht mein eigener, persönlicher idealer Führungsstil aus?
- Was stresst mich im Job? Wie begegne ich Stressoren, ohne mich zu verbiegen?
- Was erwarte ich von meiner Arbeit, was möchte ich erleben?

- Was möchte ich auf keinen Fall aufgeben, was sind unabdingbare Erwartungen an meinen Beruf?
- Wie kann ich Privatleben und Beruf vereinbaren? Wo setze ich die Grenze?
- Welche inneren Einstellungen, Glaubenssätze, Rollenverständnisse und Antreiber behindern meine Authentizität? Wie kann ich mit diesen Antreibern so leben, dass sie mir ausreichend Authentizität ermöglichen?

Nachwort

Die meisten Businessladys, die ich coache oder trainiere oder mit denen ich mich einfach so über Job und Männer unterhalte, haben schon lange geahnt, dass die tägliche Benachteiligung im Beruf tiefere Gründe als «die bösen Männer» haben muss. Sobald sie von der Existenz von Business-Ritualen erfahren, haben sie das berühmte Aha-Erlebnis: «Dachte ich's mir doch. Das erklärt so manches.»

Sobald Businessladys beginnen, durch die Ritualbrille zu schauen, entdecken sie am Arbeitsplatz (und auch privat) jede Menge Rituale und haben eine Menge Spaß dabei. Eine sagte mir: «Ich lache mich regelmäßig innerlich schlapp, wenn das Silberrückenmännchen zum Meeting kommt und die ganzen Betatiere sich schwanzwedelnd um ihn scharen.» Oder wie eine andere Lady sagte: «Früher habe ich mich über die Spielchen der Männer geärgert – heute amüsieren sie mich köstlich.»

Neben dem offensichtlichen Amüsement hat zauberhaftes Ritual-Management einen weiteren Vorteil: Die Kenntnis um Business-Rituale macht Männer und Diskriminierung am Arbeitsplatz durchschaubar und vor allem vorhersehbar. Eine erfahrene Business-Hexe und Abteilungsleiterin meinte: «Ich sehe es dem Chef inzwischen schon an, wenn er zur Tür reinkommt, ob er gleich ein Ritual starten wird. Manchmal errate ich sogar, welches.» Diese hellseherische Fähigkeit ist die Mutter des Erfolgs von Frauen im Beruf. Eine Businesslady, die sich mit Ritualen und Systemen auskennt, wird nichts mehr aus der Ruhe und der Erfolgsspur bringen.

Bleiben Sie auf dieser Erfolgsspur. Sie können das mit diesem Buch in Händen do it yourself erreichen. Wenn Sie sich lieber oder zusätzlich mit gleich gesinnten Frauen austauschen möchten, empfehle ich ein Ritualtraining für Business-Hexen als Ergänzung. Wenn Sie ein spezielles Ritualproblem haben, das diskrete Unterstützung verlangt, ist ein Coaching unter vier Augen ideal. Mit beidem helfe ich Ihnen gerne weiter. Hier erreichen Sie mich jederzeit:

Silke Foth
Business-Consulting
Ahornallee 61
85283 Wolnzach
Tel. 0049 (0) 84 42 – 95 53 82
E-Mail: consulting@silke-foth.de

Literaturliste

CLEVERLEY, GRAHAM: **Zauberformel Profit. Frankfurt a. M. 1972.** Der Autor entlarvt mit Präzision und Ironie die Mythen und Mystifikationen der Management-Kultur. Da das Buch aus den Siebzigerjahren ist, trifft manches nicht mehr so zu, doch man kann es in die heutige Management-Kultur übertragen.

DOUGLAS, MARY: **Ritual, Tabu und Körpersymbolik. Frankfurt a. M. 2004.** Ein Buch zur wissenschaftlichen Sichtweise von Ritualen in der Gesellschaft generell.

HAUCKE, PATRIZIA; KRENOVSKY, ANNETTE: **Gelassen und souverän führen. Die Stärken des weiblichen Führungsstils. München 2003.** Die Autorinnen fokussieren auf sechs typische Problemfelder: Frauen und Macht, die Angst vor dem Verbiegen im Führungsjob, Frauen und Energieräuber, Führungsinstrumente von Frauen, Frauen in typisch männlichen Strukturen und Zickenterror.

MÜHLEN ACHS, GITTA: **Geschlecht bewußt gemacht. Körpersprachliche Inszenierungen – ein Bilder- und Arbeitsbuch. München 1998.** Die Autorin führt das Thema eine Ebene tiefer: Unser Leben wird nicht nur am Arbeitsplatz durch mehr oder weniger restriktive Rituale fremdbestimmt, sondern genauso in Familie, Gesellschaft und Privatleben.

NUBER, URSULA: **10 Gebote für starke Frauen. Frankfurt a. M. 2004.** Die Chefpsychologin der Brigitte liefert hier ein leicht verdauliches Büchlein ab, in dem zehn generelle Schwächen des weiblichen Selbstwertgefühls beschrieben und behoben werden.

PINL, CLAUDIA: Männer lassen arbeiten. 20 faule Tricks, auf die Frauen am Arbeitsplatz reinfallen. Frankfurt a. M. 2002. Der Titel ist Programm. Wer als Frau im Beruf steht, sollte sich einfach abgewöhnen, sich von Männern ausnutzen zu lassen.

TANNEN, DEBORAH: Andere Worte, andere Welten. München 1999. Ein Klassiker. Ein wenig romanhaft – aber wem so was liegt ... Er steckt jedenfalls voller Analysen ganz konkreter Geschlechterstereotypen aus dem Berufsleben.

TOPF, CORNELIA; GAWRICH, ROLF: Das Führungsbuch für freche Frauen. Landsberg 2002. Ein frech geschriebenes Buch, das die typisch weiblichen Führungsfehler in den Führungsfunktionen Information, Delegation, Motivation, Realisierung, Kontrolle und Kritik aufdeckt und behebt.

Register

A

Ablehnung 135
Abwertung 90
Achtung 185, 188
After-Work-Partys 29, 140
Aggression 105
Akzeptanz 46, 171, 185
Allianzen, punktuelle 32 f., 34
Alphamännchen 58, 60
Alphatier 59 ff., 65, 68
Amazonen 46, 49, 55, 139
-Ritual 53 f.
Anbiederung 48
Anerkennung 15, 17 f., 59f., 64, 71 f., 74 ff., 82, 84, 87, 90 ff., 121, 155, 157, 159 f., 168, 178, 185
Angeberei 26, 48, 81, 107, 109
Angeber-Ritual 107 ff., 113, 181
Anhimmeln 33f.
Anordnungen 94
Anschluss suchen 49 ff.
Appell 66, 100, 104
-ebene 102
Aufgabenverteilung 15
Aufnahmeprüfung 26
Aufnahmeritus 28
Aufstieg 17
Ausgleich (von Geben und Nehmen) 113, 127, 163, 179 ff., 182
Ausgrenzung 47, 56, 73, 136 f.
Außenseiterin 66
Authentizität 109, 184 ff., 188 f.

B

Be Tough 44
Beförderung 60, 82, 151, 157, 159
Beißhemmung 28
Besserwisser-Ritual 73
Betatier 65 ff., 68 f., 190
-Ritual 112
Beweis-Ritual 157 f.
Bewerber 20 f., 84
Bewerbung 15, 19, 84
Bewunderung 79
Beziehung 69 f., 96, 179, 186
–, partnerschaftliche 32, 34
Beziehungsbotschaften 95
Beziehungsebene 100, 102, 187
Big Boss 58 f., 62, 65
Bürosklaven 175
Burn-out 76, 97, 106, 159, 184

C
Charme 34, 60 ff., 68, 108
-Ritual 60
Chef 63, 75, 83, 173 f.
Chefinnen-Ritual 119
Chef-Ritual 117 ff., 120 f.

D
Danke 34 f., 91
Delegation 15, 75
Delegations-Ritual 121 f.
Diskriminierung 16, 26, 46, 64, 86, 134, 148, 168, 175, 190
Doppelmoral 158
Drecksarbeit 149
Duldung 46

E
Effektivität 94
Eigen-PR 61 ff., 64, 69, 82 f., 88, 109 f.
Einkaufsbummel 51
Einsamkeit 15, 136
Einsatz 17, 19
Einschmeicheln 69
Einzelgespräch 27
Ellbogenprinzip 185
Emanzen 51, 114, 128, 137, 176
Emanzipation 15, 83
Emotionen 187 f.
Erfahrung 16
Erfolg 68, 79, 81, 86 ff., 92f.
Erfolgs-Ritual 37
Erfolgstagebuch 85 ff., 110
Ergebnisse 81
Erholung 52 f.
Erziehung 67
Experten 32 f.

F
Fachkompetenz 17 f., 19 f., 27, 39, 41, 142, 151
Fachwissen 19
Feedback 26, 62 f., 64 f., 68, 85, 87, 92
Feedback-Ritual 81, 85
Feldwebel 94, 96 f., 99, 104, 153 ff., 186
Formulierung 89
Frauenförderung 15 f.
Frauenretter 150
Frauentisch 54
Führungsfähigkeiten 16
Führungs-Ritual 123
Führungsstil, weiblicher 127 f.
Fußatmer-Ritual 58, 60

G
Gegenleistung 33 f., 162, 164 ff.
Gehalt 86, 151, 157
Gerechtigkeit 149f., 162

Geschlechtertrennung 49, 52
Gesundheit 64
Gewissen, schlechtes 40
Gleichberechtigung 115
Gleichgewicht 127, 129 ff., 162
Gleichheit 91
Glucken-Ritual 160

H
Harmonie 72
Härte 94
Hilfe, kollegiale 34
Hobbys 84
Höflichkeit 78

I
Illoyalität 148
Image 107, 118
Indikativ 98
Initiationsritus 25, 49
Insubordination 75 f.
Integration 47 f.
Interessen 69

J
Ja-aber-Ritual 71 ff.
Jerusalem-Ritual 147
Junggesellenabend 52

K
Kaffeekränzchen 51
Kaffeeküche 47, 53, 110
Kamingespräch 25 ff., 138
Karriere 17, 58
Karriere-Ritual 37
Kasernenhof-Ritual 94 ff., 105
Kindheitssprüche 83
Kollegen 15, 18, 35, 63, 83, 91, 112, 135, 148, 150
Kollegialität 148, 150
Kolleginnen 15
Kommunikation 70, 73, 78, 101, 103, 169
Komplimente 74, 90 ff.
Konjunktiv 98
Konkurrenz 27, 35, 140, 169
Körpersprache 173

L
Ladys' Network 41
Leistung 59, 86, 89, 166, 182
Leistungsbereitschaft 17
Lob 72, 74, 77
– vom Chef 34
Loyalität 113, 124 ff., 149 ff., 152 ff., 186, 188
Luna Nights 140
Lust an der Arbeit 58

M

Macht 69, 169, 187
Mama-Ritual 94, 97, 99, 170 ff., 174
Mauschelei 24
Meinungsverschiedenheiten 28
Menschenverstand, gesunder 83
Mentor 37 ff., 43, 88
Mentorin 41, 45
Minderwertigkeitskomplex 105
Missverständnis 22, 61, 74, 95
Mittagstisch 54
Muttersöhne 150
Mutter-Tochter-Ritual 72

N

Neiderinnen 28 f., 139 f.
Nein-danke-Ritual 90 f.
Netzwerk 24, 29 f.
 Frauen- 28, 30, 140, 156

O

OBN 24 ff.
Ochsentour 44
Ohrfeige, verbale 71
Old Boys' Network 20 f., 24, 26, 30, 39, 59, 112, 148
Opfer 66 f., 69

P

Partnerschaft 91
Persönlich nehmen 69
Platzhirsch 172
Poesiealbum 82, 85
Präferenzen 33
Prioritäten 31, 63
Problemlösung 94

Q

Qualifikation 16 f.
Quartalslob 181

R

Radfahrer-Ritual 58
Rangfolge-Rituale 143 f., 146, 169, 172
Rangordnung 112, 117, 123, 147, 169 ff.
Ratschläge 94, 100 f.
Rechtfertigung 144
Respekt 33, 178, 185
Respektsperson 173
Retour-Kompliment 90 f.
Ritual, Frauen- 25, 137
 Männer- 25, 60, 135, 142
Rivalitäts-Ritual 72, 82
Rückmeldung 88 f.

S

Sabotage-Ritual 100, 176
Sachebene 69, 100, 102, 104
Schüchternheit 88
Schuldgefühle 43
Schulter, kalte 68
Seilschaft 24
Selbstaufgabe 184
Selbstbewusstsein 42, 85
Selbstdarstellung 25, 81 f.
Selbstoffenbarung 104
Selbstvorwürfe 145
Selbstwertgefühl 76
Sex 33
Sexismus 175
Siegergespräche 92
Sieger-Schulterklopf-Ritual 93
Silberrückenmännchen 25, 190
Sklavenhalter 177
Sozialjobs 175
Spielregeln 66
Stamm, Frauen- 50
Männer- 50 f.
Status 118
Stutenbiss 28
System der Frauen 138 f.
– der Männer 139
Systemik 134

T

Tadel 77
Territorium, eigenes 172
Tochterkomplex 40, 43
Trotz 130

U

Übergriffe, verbale 67
Übermutter-Ritual 127 f., 130 ff.
Übertrumpfen 77 f., 108
Unausgesprochenes 145
Undankbarkeit 130
Ungehorsam 130
Ungleichgewicht 157, 159 f., 164 ff.
Unsicherheit 105
Unterstützung 157, 159 ff., 165
Unzufriedenheit 165, 184

V

Vaterkomplex 37, 39 f., 42, 127
Vaterrolle 38
Vater-Tochter-Klischee 37 f., 40
Verbiegen 47 f., 50, 97, 184
Verhalten 21
Vorgesetzten-Ritual 117
Vorgesetzter 112, 117 f., 120 f., 134, 150, 182

Vorstandsvorsitzender 19, 118 f.
Vorwurf 94

W

Weiblichkeit 154 f., 184
Widerspruch 71, 75 ff., 145, 178
Wording 89

Z

ZDF 94, 104
Ziehvater 37 f., 43
Zotenwitz-Ritual 113, 135 f., 138
Zufriedenheit 64, 68, 79
Zugehörigkeit 112, 115, 139 f., 177
Zuhören, aktives 26
Zurechtweisung 144
Zustimmung 171
Zutrauen 136 f.

Reden Sie Klartext!

16575

16619

16479

11297

Mosaik bei
GOLDMANN